LuftSiR

Luftsicherheitsrecht

mit
Luftsicherheitsgesetz (LuftSiG)

Luftsicherheits-Zuverlässigkeitsüberprüfungsverordnung
(LuftSiZÜV)

Luftsicherheits-Schulungsverordnung (LuftSiSchulV)

Impressum

© GROELSV – Verlag, Hans-Much-Weg 14, 20249 Hamburg, Telefon: 040/ 32030598; - Redaktion GROELSV

Wir sind bemüht, ein ansprechendes Produkt zu gestalten, dass vernünftigen Ansprüchen an das Preis/Leistungsverhältnis gerecht wird. Buchbewertungen, z. B. über den Distributor Amazon sind ausdrücklich erwünscht. Konstruktive Anregungen nutzen wir gerne, um künftige Auflagen zu ergänzen und anzupassen.

1

Inhaltsverzeichnis

Luftsicherheitsgesetz (LuftSiG)

LuftSiG

Ausfertigungsdatum: 11.01.2005

"Luftsicherheitsgesetz vom 11. Januar 2005 (BGBl. I S. 78), das zuletzt durch Artikel 2 Absatz 180 des Gesetzes vom 7. August 2013 (BGBl. I S. 3154) geändert worden ist"

Stand: Zuletzt geändert durch Art. 2 Abs. 180 G v. 7.8.2013 I 3154

Fußnote

(+++ Textnachweis ab: 15.1.2005 +++)

Das G wurde als Artikel 1 des G v. 11.1.2005 I 78 vom Bundestag beschlossen. Es ist gem. Art. 9 dieses G am 15.1.2005 in Kraft getreten.

Abschnitt 1
Allgemeines

Nichtamtliches Inhaltsverzeichnis

§ 1 Zweck

Dieses Gesetz dient dem Schutz vor Angriffen auf die Sicherheit des Luftverkehrs, insbesondere vor Flugzeugentführungen, Sabotageakten und terroristischen Anschlägen.

Nichtamtliches Inhaltsverzeichnis

§ 2 Aufgaben

Die Luftsicherheitsbehörde hat die Aufgabe, Angriffe auf die Sicherheit des Luftverkehrs im Sinne des § 1 abzuwehren. Sie nimmt insbesondere Zuverlässigkeitsüberprüfungen nach § 7 vor, lässt nach § 8 Abs. 1 Satz 2 und § 9 Abs. 1 Satz 2 Luftsicherheitspläne zu, ordnet Sicherungsmaßnahmen der Flugplatzbetreiber nach § 8 und der Luftfahrtunternehmen nach § 9 an und überwacht deren Einhaltung.

Abschnitt 2
Sicherheitsmaßnahmen

Nichtamtliches Inhaltsverzeichnis

3

§ 3 Allgemeine Befugnisse der Luftsicherheitsbehörde

Die Luftsicherheitsbehörde trifft die notwendigen Maßnahmen, um eine im Einzelfall bestehende Gefahr für die Sicherheit des Luftverkehrs abzuwehren, soweit nicht § 5 ihre Befugnisse besonders regelt.

Nichtamtliches Inhaltsverzeichnis

§ 4 Grundsatz der Verhältnismäßigkeit

(1) Von mehreren möglichen und geeigneten Maßnahmen ist diejenige zu treffen, die den Einzelnen oder die Allgemeinheit voraussichtlich am wenigsten beeinträchtigt.

(2) Eine Maßnahme darf nicht zu einem Nachteil führen, der zu dem erstrebten Erfolg erkennbar außer Verhältnis steht.

(3) Eine Maßnahme ist nur solange zulässig, bis ihr Zweck erreicht ist oder sich zeigt, dass er nicht erreicht werden kann.

Nichtamtliches Inhaltsverzeichnis

§ 5 Besondere Befugnisse der Luftsicherheitsbehörden

(1) Die Luftsicherheitsbehörde kann Personen, welche die nicht allgemein zugänglichen Bereiche des Flugplatzes betreten haben oder betreten wollen, durchsuchen oder in sonstiger geeigneter Weise überprüfen. Sie kann Gegenstände durchsuchen, durchleuchten oder in sonstiger geeigneter Weise überprüfen, die in diese Bereiche verbracht wurden oder werden sollen. Die Luftsicherheitsbehörde kann die Orte, an denen die Sicherheitskontrollen stattfinden, durch bewaffnete Polizeivollzugsbeamte schützen, die Sicherheitsbereiche des Flughafens bestreifen und gefährdete Flugzeuge durch bewaffnete Standposten sichern.

(2) Die Luftsicherheitsbehörde kann Fluggäste, Mitarbeiter der

Flugplatzbetreiber, der Luftfahrtunternehmen und anderer Unternehmen sowie sonstige Personen, die nicht allgemein zugängliche Bereiche des Flugplatzes betreten haben oder betreten wollen, insbesondere anhalten und aus diesen Bereichen verweisen, wenn diese Personen

1.

ihre Berechtigung zum Betreten nicht nachweisen,

2.

eine Durchsuchung ihrer Person und mitgeführter Gegenstände oder deren Überprüfung in sonstiger geeigneter Weise durch die Luftsicherheitsbehörde nach den in § 11 Abs. 1 genannten Gegenständen ablehnen oder

3.

in § 11 Abs. 1 genannte Gegenstände oder sonstige Gegenstände, die bei der Durchsuchung oder Überprüfung festgestellt werden und die sich zu Angriffen auf Personen oder zur Beschädigung von Luftfahrzeugen eignen, nicht außerhalb des nicht allgemein zugänglichen Bereiches des Flugplatzes zurücklassen oder nicht dem Luftfahrtunternehmen zur Beförderung übergeben.

(3) Die Luftsicherheitsbehörde kann Fracht, aufgegebenes Gepäck, Postsendungen und sonstige Gegenstände, die in die nicht allgemein zugänglichen Bereiche des Flugplatzes verbracht wurden oder verbracht werden sollen, nach den in § 11 Abs. 1 genannten Gegenständen durchsuchen, durchleuchten oder in sonstiger geeigneter Weise überprüfen. Bei Postsendungen findet Satz 1 mit der Maßgabe Anwendung, dass diese nur geöffnet werden dürfen, wenn bestimmte Tatsachen die Annahme begründen, dass sich darin Gegenstände befinden, deren Beförderung gegen § 11 Abs. 1 oder § 27 des Luftverkehrsgesetzes verstößt.

(4) Die Luftsicherheitsbehörde darf innerhalb der Geschäfts- und Arbeitsstunden Betriebs- und Geschäftsräume betreten und besichtigen, soweit dies zur Durchführung der Sicherheitsmaßnahmen gemäß den Absätzen 2 und 3 erforderlich ist. Außerhalb der Geschäfts- und Arbeitsstunden dürfen diese Räume nur zur Verhütung dringender Gefahren für die öffentliche Sicherheit oder Ordnung betreten und besichtigt werden.

(5) Die Luftsicherheitsbehörde kann geeigneten Personen als Beliehenen die Wahrnehmung bestimmter Aufgaben bei der Durchführung der Sicherheitsmaßnahmen gemäß den Absätzen 1 bis 4 übertragen. Die Beleihung kann jederzeit widerrufen werden. Der Beliehene ist im Rahmen der ihm übertragenen Aufgaben und der sonst geltenden Gesetze befugt, die erforderlichen Maßnahmen zu treffen.

(6) Die Aufgaben und Befugnisse der Polizeivollzugsbehörden bleiben unberührt.

§ 6 Erhebung, Verarbeitung und Nutzung personenbezogener Daten

(1) Die Befugnis zur Erhebung, Verarbeitung und Nutzung personenbezogener Daten richtet sich nach den für die Luftsicherheitsbehörden geltenden Vorschriften des Bundes- oder Landesrechts, soweit dieses Gesetz nichts anderes bestimmt.

(2) Unbeschadet einer sich aus Absatz 1 ergebenden Übermittlungsbefugnis dürfen die Luftsicherheitsbehörden personenbezogene Daten an öffentliche Stellen außerhalb des Geltungsbereichs dieses Gesetzes übermitteln, wenn dies zur Abwehr unmittelbar drohender erheblicher Gefahren für die Sicherheit des Luftverkehrs, insbesondere bei erfolgten oder drohenden terroristischen Angriffen, erforderlich ist.

6

§ 7 Zuverlässigkeitsüberprüfungen

(1) Zum Schutz vor Angriffen auf die Sicherheit des Luftverkehrs (§ 1) hat die Luftsicherheitsbehörde die Zuverlässigkeit folgender Personen zu überprüfen:

1.

Personen, denen zur Ausübung einer beruflichen Tätigkeit nicht nur gelegentlich Zugang zu nicht allgemein zugänglichen Bereichen des Flugplatzgeländes eines Verkehrsflughafens im Sinne des § 8 oder eines Luftfahrtunternehmens im Sinne des § 9 gewährt werden soll,

2.

Personal der Flugplatz- und Luftfahrtunternehmen, der Flugsicherungsorganisation sowie der Fracht-, Post-, Reinigungsunternehmen sowie Warenlieferanten und vergleichbarer Versorgungsunternehmen, das auf Grund seiner Tätigkeit unmittelbaren Einfluss auf die Sicherheit des Luftverkehrs hat; sofern sich die vorgenannten Unternehmen des Personals anderer Unternehmen bedienen, steht dieses eigenem Personal gleich,

3.

Personen, die nach § 5 Abs. 5 als Beliehene eingesetzt oder nach § 31b Abs. 1 Satz 2 des Luftverkehrsgesetzes mit Aufgaben nach § 27c Abs. 2 des Luftverkehrsgesetzes beauftragt werden,

4.

Luftfahrer im Sinne des § 4 Abs. 1 Satz 1 in Verbindung mit § 1 Abs. 2 Nr. 1 bis 3 und 5 des Luftverkehrsgesetzes und entsprechende Flugschüler sowie

5.

Mitglieder von flugplatzansässigen Vereinen, Schülerpraktikanten oder Führern von Luftfahrzeugen im Sinne von § 1 Abs. 2 des Luftverkehrsgesetzes oder sonstige Berechtigte, denen nicht nur gelegentlich Zugang zu den

a)

nicht allgemein zugänglichen Bereichen des Flugplatzgeländes eines Verkehrsflughafens im Sinne des § 8 oder

b)

überlassenen Bereichen nach § 9 Abs. 1 Nr. 2

gewährt werden soll.

(2) Die Überprüfung erfolgt auf Antrag des Betroffenen. Die Kosten für die Überprüfung zur Ausübung einer beruflichen Tätigkeit trägt der Arbeitgeber. Der Betroffene ist bei Antragstellung über

1.

die zuständige Luftsicherheitsbehörde,

2.

den Zweck der Datenerhebung, -verarbeitung und-nutzung,

3.

die Stellen, deren Beteiligung nach Absatz 3 Satz 1 Nr. 2 bis 5 und Absatz 4 in Betracht kommt, sowie

4.

die Übermittlungsempfänger nach Absatz 7 Satz 2 und 3

zu unterrichten.

Die Überprüfung entfällt, wenn der Betroffene

1.

im Inland innerhalb der letzten zwölf Monate einer zumindest

8

gleichwertigen Überprüfung unterzogen worden ist und keine Anhaltspunkte für eine Unzuverlässigkeit des Betroffenen vorliegen oder

2.

dieser der erweiterten Sicherheitsüberprüfung nach § 9 des Sicherheitsüberprüfungsgesetzes oder der erweiterten Sicherheitsüberprüfung mit Sicherheitsermittlungen nach § 10 des Sicherheitsüberprüfungsgesetzes unterliegt.

(3) Zur Überprüfung der Zuverlässigkeit darf die Luftsicherheitsbehörde

1.

die Identität des Betroffenen überprüfen,

2.

Anfragen bei den Polizeivollzugs- und den Verfassungsschutzbehörden der Länder sowie, soweit im Einzelfall erforderlich, dem Bundeskriminalamt, dem Zollkriminalamt, dem Bundesamt für Verfassungsschutz, dem Bundesnachrichtendienst, dem Militärischen Abschirmdienst und der Bundesbeauftragten für die Unterlagen des Staatssicherheitsdienstes der ehemaligen Deutschen Demokratischen Republik nach vorhandenen, für die Beurteilung der Zuverlässigkeit bedeutsamen Informationen stellen,

3.

unbeschränkte Auskünfte aus dem Bundeszentralregister einholen,

4.

bei ausländischen Betroffenen um eine Auskunft aus dem Ausländerzentralregister ersuchen und, soweit im Einzelfall erforderlich, Anfragen an die zuständigen Ausländerbehörden nach Anhaltspunkten für eine Beeinträchtigung der öffentlichen Sicherheit durch den

9

Betroffenen richten,

5.

soweit im Einzelfall erforderlich, Anfragen an die Flugplatzbetreiber und Luftfahrtunternehmen sowie an den gegenwärtigen Arbeitgeber des Betroffenen nach dort vorhandenen, für die Beurteilung der Zuverlässigkeit bedeutsamen Informationen richten.

Der Betroffene ist verpflichtet, an seiner Überprüfung mitzuwirken.

(4) Begründen die Auskünfte der in Absatz 3 Nr. 2 und 4 genannten Behörden Anhaltspunkte für Zweifel an der Zuverlässigkeit des Betroffenen, darf die Luftsicherheitsbehörde Auskünfte von Strafverfolgungsbehörden einholen.

(5) Die Luftsicherheitsbehörde gibt dem Betroffenen vor ihrer Entscheidung Gelegenheit, sich zu den eingeholten Auskünften zu äußern, soweit diese Zweifel an seiner Zuverlässigkeit begründen und Geheimhaltungspflichten nicht entgegenstehen oder bei Auskünften durch Strafverfolgungsbehörden eine Gefährdung des Untersuchungszwecks nicht zu besorgen ist. Stammen die Erkenntnisse von einer der in Absatz 3 Nr. 2 oder Absatz 4 genannten Stellen, ist das Einvernehmen dieser Stellen erforderlich. Der Betroffene ist verpflichtet, wahrheitsgemäße Angaben zu machen. Er kann Angaben verweigern, die für ihn oder eine der in § 52 Abs. 1 der Strafprozessordnung genannten Personen die Gefahr strafrechtlicher Verfolgung, der Verfolgung wegen einer Ordnungswidrigkeit oder von disziplinar- oder arbeitsrechtlichen Maßnahmen begründen könnten. Über die Verpflichtung wahrheitsgemäße Angaben zu machen und das Verweigerungsrecht ist der Betroffene vorher zu belehren.

(6) Ohne eine abgeschlossene Zuverlässigkeitsüberprüfung, bei der keine Zweifel an der Zuverlässigkeit des Betroffenen verbleiben, darf diesem kein Zugang zu nicht allgemein zugänglichen Bereichen des Flugplatzgeländes

gewährt werden (Absatz 1 Nr. 1 und 5) oder er darf seine Tätigkeiten (Absatz 1 Nr. 2 und 3) nicht aufnehmen.

(7) Die Luftsicherheitsbehörde darf die nach den Absätzen 3 und 4 erhobenen Daten nur zum Zwecke der Überprüfung der Zuverlässigkeit verwenden. Sie unterrichtet den Betroffenen, dessen gegenwärtigen Arbeitgeber, das Flugplatz-, das Luftfahrtunternehmen oder die Flugsicherungsorganisation sowie die beteiligten Polizei- und Verfassungsschutzbehörden des Bundes und der Länder über das Ergebnis der Überprüfung; dem gegenwärtigen Arbeitgeber dürfen die dem Ergebnis zugrunde liegenden Erkenntnisse nicht mitgeteilt werden. Weitere Informationen dürfen dem gegenwärtigen Arbeitgeber mitgeteilt werden, soweit sie für die Durchführung eines gerichtlichen Verfahrens im Zusammenhang mit der Zuverlässigkeitsüberprüfung erforderlich sind. § 161 der Strafprozessordnung bleibt unberührt.

(8) Die Luftsicherheitsbehörden unterrichten sich gegenseitig über die Durchführung von Zuverlässigkeitsüberprüfungen, soweit dies im Einzelfall erforderlich ist. Absatz 7 Satz 1 gilt entsprechend.

(9) Werden den nach Absatz 3 Satz 1 Nr. 2 beteiligten Behörden, den nach Absatz 3 Satz 1 Nr. 4 beteiligten Ausländerbehörden oder den nach Absatz 3 Satz 1 Nr. 5 beteiligten Stellen im Nachhinein Informationen bekannt, die für die Beurteilung der Zuverlässigkeit einer der in Absatz 1 genannten Personen von Bedeutung sind, sind diese Stellen verpflichtet, die Luftsicherheitsbehörde über die vorliegenden Erkenntnisse zu informieren. Zu diesem Zweck dürfen sie Name, Vorname, Geburtsname, Geburtsdatum, Geburtsort, Wohnort und Staatsangehörigkeit des Betroffenen sowie die Aktenfundstelle speichern. Die Verfassungsschutzbehörden des Bundes und der Länder dürfen zu diesem Zweck die in Satz 2 genannten personenbezogenen Daten des Betroffenen und ihre Aktenfundstelle

zusätzlich auch in den gemeinsamen Dateien nach § 6 des Bundesverfassungsschutzgesetzes speichern. Die in Satz 1 genannten Behörden und Stellen unterrichten die Luftsicherheitsbehörde, zu welchen Betroffenen sie Daten gemäß den Sätzen 2 und 3 speichern.

(10) Die Luftsicherheitsbehörde darf bei Zuverlässigkeitsüberprüfungen, die durch Stellen außerhalb des Geltungsbereichs dieses Gesetzes veranlasst werden, mitwirken. Hierzu darf sie Name, Vorname, Geburtsname, Geburtsdatum, Geburtsort, Wohnort und Staatsangehörigkeit sowie das Ergebnis der Sicherheitsüberprüfung des Betroffenen übermitteln. Die Datenübermittlung unterbleibt, soweit der Betroffene ein schutzwürdiges Interesse am Ausschluss der Übermittlung hat, insbesondere wenn bei der empfangenden Stelle ein angemessenes Datenschutzniveau nicht gewährleistet ist. Die empfangende Stelle ist darauf zu verweisen, dass die übermittelten Daten nur für den Zweck verwendet werden dürfen, zu dessen Erfüllung sie übermittelt worden sind.

(11) Die im Rahmen einer Zuverlässigkeitsprüfung gespeicherten personenbezogenen Daten sind zu löschen

1.

  von den Luftsicherheitsbehörden

  a)

    innerhalb eines Jahres, wenn der Betroffene keine Tätigkeit nach Absatz 1 aufnimmt,

  b)

    nach Ablauf von drei Jahren, nachdem der Betroffene aus einer Tätigkeit nach Absatz 1 ausgeschieden ist, es sei denn, er hat zwischenzeitlich erneut eine Tätigkeit nach Absatz 1 aufgenommen;

2.

von den nach den Absätzen 3 und 4 beteiligten Behörden und den nach
Absatz 3 Satz 1 Nr. 5 beteiligten Stellen

a)

im Fall der nach Absatz 9 Satz 2 und 3 gespeicherten Daten
unverzüglich nach der nach Nummer 1 erfolgten Löschung; hierzu
unterrichten die Luftsicherheitsbehörden die beteiligten Stellen
über die Löschung,

b)

im Übrigen unmittelbar nach Abschluss der Beteiligung.

Wenn Grund zu der Annahme besteht, dass durch die Löschung die
schutzwürdigen Interessen des Betroffenen beeinträchtigt würden, sind die
Daten zu sperren. Gesperrte Daten dürfen ohne Einwilligung des
Betroffenen nur verwendet werden, soweit dies zur Abwehr einer
erheblichen Gefahr unerlässlich ist.

Fußnote

§ 7 Abs. 1 Nr. 4: Die Vorschrift ist iVm § 4 Abs. 1 Satz 2 Nr. 3 LuftVG (96-1)
idF d. Art. 2 Nr. 1 G v. 11.1.2005 I 78 mit dem GG (100-1) vereinbar gem.
BVerfGE v. 4.5.2010 I 885 - 2 BvL 8/07, 2 BvL 9/07

Nichtamtliches Inhaltsverzeichnis

§ 8 Sicherungsmaßnahmen der Flugplatzbetreiber

(1) Der Unternehmer eines Verkehrsflughafens ist zum Schutz des
Flughafenbetriebs vor Angriffen auf die Sicherheit des Luftverkehrs
verpflichtet,

1.

13

Flughafenanlagen, Bauwerke, Räume und Einrichtungen so zu erstellen und zu gestalten, dass die erforderliche bauliche und technische Sicherung und die sachgerechte Durchführung der personellen Sicherungs- und Schutzmaßnahmen und die Kontrolle der nicht allgemein zugänglichen Bereiche ermöglicht werden sowie die dafür erforderlichen Flächen bereitzustellen und zu unterhalten; ausgenommen von dieser Verpflichtung sind Geräte zur Überprüfung von Fluggästen und von diesen mitgeführten Gegenständen sowie Einrichtungen und Geräte zur Überprüfung von Post, aufgegebenem Gepäck, Fracht und Versorgungsgütern auf die in § 11 Abs. 1 genannten Gegenstände mittels technischer Verfahren;

2.

Post, aufgegebenes Gepäck, Fracht und Versorgungsgüter zur Durchführung der Maßnahmen nach § 5 Abs. 3 sicher zu transportieren und zu lagern; dies schließt den Transport zu und zwischen einer mehrstufigen Kontrollanlage ein;

3.

bei Durchsuchungen des aufgegebenen Gepäcks nach § 5 Abs. 3 den Fluggast herbeizuholen oder bei Durchsuchungen in Abwesenheit des Fluggastes die Schlösser der Gepäckstücke zu öffnen;

4.

nicht allgemein zugängliche Bereiche gegen unberechtigten Zugang zu sichern und, soweit es sich um sicherheitsempfindliche Bereiche handelt, den Zugang nur hierzu besonders berechtigten Personen zu gestatten;

5.

eigene Mitarbeiter, Mitarbeiter anderer auf dem Flugplatz tätiger Unternehmen und andere Personen vor dem Zugang zu den sensiblen

14

Teilen der nicht allgemein zugänglichen Bereiche zu durchsuchen oder in sonstiger geeigneter Weise zu überprüfen sowie von diesen mitgeführte Gegenstände und Fahrzeuge zu durchsuchen, zu durchleuchten oder in sonstiger geeigneter Weise zu überprüfen; dies gilt auch für auf andere Weise in diese Bereiche eingeführte Waren und Versorgungsgüter;

6.

Sicherheitspersonal für seine Aufgaben zu schulen und alle übrigen Mitarbeiter einem Sicherheitsschulungsprogramm zu unterziehen;

7.

Luftfahrzeuge, die Gegenstand von Bedrohungen, insbesondere von Bombendrohungen sind, auf Sicherheitspositionen zu verbringen, soweit hierzu nicht das Luftfahrtunternehmen gemäß § 9 Abs. 1 Satz 1 Nr. 5 verpflichtet ist, und die Entladung sowie die Ver- und Entsorgung der Luftfahrzeuge durchzuführen;

8.

soweit erforderlich, an der Überprüfung nach § 7 mitzuwirken.

Die in Satz 1 Nr. 1 bis 8 aufgeführten Sicherungsmaßnahmen sind von dem Unternehmer in einem Luftsicherheitsplan im Sinne des Artikels 5 Abs. 4 der Verordnung (EG) Nr. 2320/2002 des Europäischen Parlaments und des Rates vom 16. Dezember 2002 zur Festlegung gemeinsamer Vorschriften für die Sicherheit in der Zivilluftfahrt (ABl. EG Nr. L 355 S. 1) darzustellen, welcher der Luftsicherheitsbehörde innerhalb einer von ihr zu bestimmenden Frist zur Zulassung vorzulegen ist. Die Zulassung kann mit Nebenbestimmungen versehen werden. Nachträgliche Auflagen sind zulässig. Der Unternehmer eines Verkehrsflughafens ist verpflichtet, die im zugelassenen Luftsicherheitsplan dargestellten Sicherungsmaßnahmen durchzuführen.

15

(2) Die Luftsicherheitsbehörde kann den Betreiber eines sonstigen Flugplatzes zur Durchführung von Sicherungsmaßnahmen entsprechend Absatz 1 verpflichten, soweit dies zur Sicherung des Flugbetriebs erforderlich ist.

(3) Für die Bereitstellung und Unterhaltung von Räumen und Flächen nach den Absätzen 1 und 2, die der für die Durchführung der Maßnahmen gemäß § 5 zuständigen Behörde zur Verfügung gestellt worden sind, kann der Verpflichtete die Vergütung seiner Selbstkosten verlangen. Im Übrigen trägt der Verpflichtete die Kosten für die Sicherungsmaßnahmen nach den Absätzen 1 und 2. Zur Feststellung der Selbstkosten im Sinne dieses Gesetzes finden die Vorschriften des Preisrechts bei öffentlichen Aufträgen entsprechende Anwendung. Unterschreitet der Marktpreis die Selbstkosten, ist der Marktpreis maßgeblich.

Nichtamtliches Inhaltsverzeichnis

§ 9 Sicherungsmaßnahmen der Luftfahrtunternehmen

(1) Ein Luftfahrtunternehmen, das Luftfahrzeuge mit mehr als 5,7 Tonnen Höchstgewicht betreibt, ist zum Schutz vor Angriffen auf die Sicherheit des Luftverkehrs verpflichtet,

1.

Sicherungsmaßnahmen bei der Abfertigung von Fluggästen und der Behandlung von Post, Gepäck, Fracht und Versorgungsgütern durchzuführen;

2.

die ihm auf einem Verkehrsflughafen überlassenen nicht allgemein zugänglichen Bereiche gegen unberechtigten Zugang zu sichern und, soweit es sich um sicherheitsempfindliche Bereiche handelt, den

16

Zugang nur hierzu besonders berechtigten Personen zu gestatten; soweit Betriebsgebäude, Frachtanlagen und sonstige Betriebseinrichtungen von dem Luftfahrtunternehmen selbst oder in seinem Auftrag errichtet oder von ihm selbst betrieben werden, gilt § 8 Abs. 1 Nr. 1 bis 7 entsprechend;

3.

Sicherheitspersonal für seine Aufgaben zu schulen und die Flugbesatzungen und das Bodenpersonal einem Sicherheitsschulungsprogramm zu unterziehen;

4.

seine auf einem Verkehrsflughafen abgestellten Luftfahrzeuge so zu sichern, dass weder unberechtigte Personen Zutritt haben noch verdächtige Gegenstände in das Luftfahrzeug verbracht werden können;

5.

Luftfahrzeuge, die Gegenstand von Bedrohungen, insbesondere von Bombendrohungen sind, auf eine Sicherheitsposition zu verbringen oder bei einer Verbringung durch den Flugplatzbetreiber gemäß § 8 Abs. 1 Satz 1 Nr. 7 mitzuwirken;

6.

soweit erforderlich, an der Überprüfung nach § 7 mitzuwirken.

Die in Satz 1 Nr. 1 bis 6 aufgeführten Sicherungsmaßnahmen sind von dem Unternehmen in einem Luftsicherheitsplan im Sinne des Artikels 5 Abs. 4 der Verordnung (EG) Nr. 2320/2002 des Europäischen Parlaments und des Rates vom 16. Dezember 2002 zur Festlegung gemeinsamer Vorschriften für die Sicherheit in der Zivilluftfahrt (ABl. EG Nr. L 355 S. 1) darzustellen, welcher der Luftsicherheitsbehörde innerhalb einer von ihr zu bestimmenden Frist zur Zulassung vorzulegen ist; die Luftsicherheitsbehörde kann

17

Ausnahmen von der Vorlagepflicht zulassen. Die Zulassung kann mit Nebenbestimmungen versehen werden. Nachträgliche Auflagen sind zulässig. Die Luftfahrtunternehmen sind verpflichtet, die im zugelassenen Luftsicherheitsplan dargestellten Sicherungsmaßnahmen durchzuführen.

(2) Absatz 1 gilt

1.

  für Luftfahrtunternehmen, die eine Genehmigung nach § 20 des Luftverkehrsgesetzes besitzen, auch außerhalb des Geltungsbereichs dieses Gesetzes, wenn und soweit die jeweils örtlich geltenden Vorschriften nicht entgegenstehen;

2.

  für Luftfahrtunternehmen, die ihren Hauptsitz außerhalb des Geltungsbereichs dieses Gesetzes haben, sofern sie Verkehrsflughäfen in der Bundesrepublik Deutschland benutzen.

(3) Die Luftsicherheitsbehörde kann ein Luftfahrtunternehmen zur Durchführung von Sicherungsmaßnahmen entsprechend Absatz 1 auch auf sonstigen Flugplätzen verpflichten, soweit dies zur Sicherung des Betriebs des Luftfahrtunternehmens erforderlich ist.

(4) Ein anderer als der in Absatz 1 bezeichnete Halter von Luftfahrzeugen kann von der Luftsicherheitsbehörde zur Durchführung der Sicherungsmaßnahmen entsprechend den Absätzen 1 bis 3 verpflichtet werden, soweit dies zur Sicherung des Flugbetriebs erforderlich ist.

Nichtamtliches Inhaltsverzeichnis

§ 10 Zugangsberechtigung

Die Luftsicherheitsbehörde entscheidet, welchen Personen bei Vorliegen der Voraussetzungen die Berechtigung zum Zugang zu nicht allgemein zugänglichen Bereichen erteilt werden darf oder bei Wegfall der Voraussetzungen zu entziehen ist. Nach Abschluss der Zuverlässigkeitsüberprüfung nach § 7 Abs. 1 kann dem Betroffenen zum Nachweis der Zugangsberechtigung ein Ausweis durch den Unternehmer nach § 8 Abs. 1 oder § 9 Abs. 1 ausgestellt werden. Der Ausweisinhaber ist verpflichtet, den Ausweis in den nicht allgemein zugänglichen Bereichen offen sichtbar zu tragen und ihn nach Ablauf der Gültigkeitsdauer oder auf Verlangen zurückzugeben. Der Ausweisinhaber darf den Ausweis keinem Dritten überlassen. Sein Verlust ist der Ausgabestelle unverzüglich anzuzeigen. Der Zugang zu den nicht allgemein zugänglichen Bereichen ohne Berechtigung ist verboten.

Nichtamtliches Inhaltsverzeichnis

§ 11 Verbotene Gegenstände

(1) Das Mitführen im Handgepäck oder Ansichtragen von

1.

Schuss-, Hieb- und Stoßwaffen sowie Sprühgeräten, die zu Angriffs- oder Verteidigungszwecken verwendet werden können,

2.

Sprengstoffen, Munition, Zündkapseln, brennbaren Flüssigkeiten, ätzenden oder giftigen Stoffen, Gasen in Behältern sowie sonstigen Stoffen, die allein oder zusammen mit anderen Gegenständen eine Explosion oder einen Brand verursachen können,

3.

Gegenständen, die ihrer äußeren Form oder ihrer Kennzeichnung nach den Anschein von Waffen, Munition oder explosionsgefährlichen Stoffen erwecken,

19

4.

sonstigen in der Anlage der Verordnung (EG) Nr. 2320/2002 des Europäischen Parlaments und des Rates vom 16. Dezember 2002 zur Festlegung gemeinsamer Vorschriften für die Sicherheit in der Zivilluftfahrt (ABl. EG Nr. L 355 S. 1) genannten Gegenständen

in Luftfahrzeugen und in nicht allgemein zugänglichen Bereichen auf Flugplätzen ist verboten.

(2) Das Bundesministerium des Innern kann allgemein oder im Einzelfall Ausnahmen von den in Absatz 1 Nr. 1 bis 4 geregelten Fällen zulassen, soweit ein Bedürfnis besteht und die nach anderen Rechtsvorschriften erforderliche Erlaubnis zum Mitführen dieser Gegenstände vorliegt. Die Erlaubnis kann mit einer Nebenbestimmung versehen werden.

(3) § 27 Abs. 2 des Luftverkehrsgesetzes bleibt unberührt.

Nichtamtliches Inhaltsverzeichnis

§ 12 Aufgaben und Befugnisse des verantwortlichen Luftfahrzeugführers

(1) Der verantwortliche Luftfahrzeugführer hat als Beliehener für die Aufrechterhaltung der Sicherheit und Ordnung an Bord des im Flug befindlichen Luftfahrzeuges zu sorgen. Er ist nach Maßgabe von Absatz 2 und der sonst geltenden Gesetze befugt, die erforderlichen Maßnahmen zu treffen.

(2) Der verantwortliche Luftfahrzeugführer darf die erforderlichen Maßnahmen treffen, um eine im einzelnen Fall bestehende Gefahr für Personen an Bord des Luftfahrzeuges oder für das Luftfahrzeug selbst abzuwehren. Dabei hat er den Grundsatz der Verhältnismäßigkeit (§ 4) zu wahren. Insbesondere darf der Luftfahrzeugführer

1.

20

die Identität einer Person feststellen,

2.

Gegenstände sicherstellen,

3.

eine Person oder Sachen durchsuchen,

4.

eine Person fesseln, wenn Tatsachen die Annahme rechtfertigen, dass die Person den Luftfahrzeugführer oder Dritte angreifen oder Sachen beschädigen wird.

(3) Zur Durchsetzung der Maßnahmen darf der Luftfahrzeugführer Zwangsmittel anwenden. Die Anwendung körperlicher Gewalt ist nur zulässig, wenn andere Zwangsmittel nicht in Betracht kommen, keinen Erfolg versprechen oder unzweckmäßig sind. Der Gebrauch von Schusswaffen ist Polizeivollzugsbeamten, insbesondere denjenigen der Bundespolizei nach § 4a des Bundespolizeigesetzes vorbehalten.

(4) Alle an Bord befindlichen Personen haben den Anordnungen des Luftfahrzeugführers oder seiner Beauftragten nach Absatz 2 Folge zu leisten.

(5) Der verantwortliche Luftfahrzeugführer hat den Schaden zu ersetzen, welcher der Bundesrepublik Deutschland durch rechtswidrige und vorsätzliche oder grob fahrlässige Verletzung seiner Pflichten bei Ausübung der Aufgaben und Befugnisse nach den Absätzen 1 bis 3 entsteht. Wird der Flug von einem Luftfahrtunternehmen durchgeführt, hat dieses den Schaden zu ersetzen, welcher der Bundesrepublik Deutschland durch eine rechtswidrige und schuldhafte Verletzung der Pflichten des verantwortlichen Luftfahrzeugführers oder seiner Beauftragten bei Ausübung der Aufgaben und Befugnisse nach den Absätzen 1 bis 3 entsteht.

Unterstützung und Amtshilfe durch die Streitkräfte

§ 13 Entscheidung der Bundesregierung

(1) Liegen auf Grund eines erheblichen Luftzwischenfalls Tatsachen vor, die im Rahmen der Gefahrenabwehr die Annahme begründen, dass ein besonders schwerer Unglücksfall nach Artikel 35 Abs. 2 Satz 2 oder Abs. 3 des Grundgesetzes bevorsteht, können die Streitkräfte, soweit es zur wirksamen Bekämpfung erforderlich ist, zur Unterstützung der Polizeikräfte der Länder im Luftraum zur Verhinderung dieses Unglücksfalles eingesetzt werden.

(2) Die Entscheidung über einen Einsatz nach Artikel 35 Abs. 2 Satz 2 des Grundgesetzes trifft auf Anforderung des betroffenen Landes der Bundesminister der Verteidigung oder im Vertretungsfall das zu seiner Vertretung berechtigte Mitglied der Bundesregierung im Benehmen mit dem Bundesminister des Innern. Ist sofortiges Handeln geboten, ist das Bundesministerium des Innern unverzüglich zu unterrichten.

(3) Die Entscheidung über einen Einsatz nach Artikel 35 Abs. 3 des Grundgesetzes trifft die Bundesregierung im Benehmen mit den betroffenen Ländern. Ist eine rechtzeitige Entscheidung der Bundesregierung nicht möglich, so entscheidet der Bundesminister der Verteidigung oder im Vertretungsfall das zu seiner Vertretung berechtigte Mitglied der Bundesregierung im Benehmen mit dem Bundesminister des Innern. Die Entscheidung der Bundesregierung ist unverzüglich herbeizuführen. Ist sofortiges Handeln geboten, sind die betroffenen Länder und das Bundesministerium des Innern unverzüglich zu unterrichten.

(4) Das Nähere wird zwischen Bund und Ländern geregelt. Die Unterstützung durch die Streitkräfte richtet sich nach den Vorschriften dieses Gesetzes.

Fußnote

§§ 13 bis 15: Nach Maßgabe der Entscheidungssformel mit dem GG vereinbar gem. BVerfGE v. 20.3.2013 I 1118 - 2 BvF 1/05 -
§ 13 Abs. 3 Satz 2 u. 3: Mit Art. 35 Abs. 3 Satz 1 GG unvereinbar und nichtig gem. BVerfGE v. 20.3.2013 I 1118 - 2 BvF 1/05 -

§ 14 Einsatzmaßnahmen, Anordnungsbefugnis

(1) Zur Verhinderung des Eintritts eines besonders schweren Unglücksfalles dürfen die Streitkräfte im Luftraum Luftfahrzeuge abdrängen, zur Landung zwingen, den Einsatz von Waffengewalt androhen oder Warnschüsse abgeben.

(2) Von mehreren möglichen Maßnahmen ist diejenige auszuwählen, die den Einzelnen und die Allgemeinheit voraussichtlich am wenigsten beeinträchtigt. Die Maßnahme darf nur so lange und so weit durchgeführt werden, wie ihr Zweck es erfordert. Sie darf nicht zu einem Nachteil führen, der zu dem erstrebten Erfolg erkennbar außer Verhältnis steht.

(3) Die unmittelbare Einwirkung mit Waffengewalt ist nur zulässig, wenn nach den Umständen davon auszugehen ist, dass das Luftfahrzeug gegen das Leben von Menschen eingesetzt werden soll, und sie das einzige Mittel zur Abwehr dieser gegenwärtigen Gefahr ist.

(4) Die Maßnahme nach Absatz 3 kann nur der Bundesminister der Verteidigung oder im Vertretungsfall das zu seiner Vertretung berechtigte Mitglied der Bundesregierung anordnen. Im Übrigen kann der

23

Bundesminister der Verteidigung den Inspekteur der Luftwaffe generell ermächtigen, Maßnahmen nach Absatz 1 anzuordnen.

Fußnote

§ 14 Abs. 3: Nach Maßgabe der Entscheidungsformel mit GG unvereinbar und nichtig gem. BVerfGE v. 15.2.2006 I 466 - 1 BvR 357/05 -
§§ 13 bis 15: Nach Maßgabe der Entscheidungssformel mit dem GG vereinbar gem. BVerfGE v. 20.3.2013 I 1118 - 2 BvF 1/05 -
Nichtamtliches Inhaltsverzeichnis

§ 15 Sonstige Maßnahmen

(1) Die Maßnahmen nach § 14 Abs. 1 und 3 dürfen erst nach Überprüfung sowie erfolglosen Versuchen zur Warnung und Umleitung getroffen werden. Zu diesem Zweck können die Streitkräfte auf Ersuchen der Flugsicherungsorganisation im Luftraum Luftfahrzeuge überprüfen, umleiten oder warnen. Ein generelles Ersuchen ist zulässig. Die Voraussetzungen für ein Tätigwerden werden in diesem Fall durch vorherige Vereinbarung festgelegt.
(2) Der Bundesminister der Verteidigung kann den Inspekteur der Luftwaffe generell ermächtigen, Maßnahmen nach Absatz 1 anzuordnen. Der Inspekteur der Luftwaffe hat den Bundesminister der Verteidigung unverzüglich über Situationen zu informieren, die zu Maßnahmen nach § 14 Abs. 1 und 3 führen könnten.
(3) Die sonstigen Vorschriften und Grundsätze der Amtshilfe bleiben unberührt.

Fußnote

§§ 13 bis 15: Nach Maßgabe der Entscheidungssformel mit dem GG

24

vereinbar gem. BVerfGE v. 20.3.2013 I 1118 - 2 BvF 1/05 -

Abschnitt 4

Zuständigkeit und Verfahren

Nichtamtliches Inhaltsverzeichnis

§ 16 Zuständigkeiten

(1) Die örtliche Zuständigkeit der Luftsicherheitsbehörden für die Aufgaben nach § 2 erstreckt sich auf das Flugplatzgelände. Die Maßnahmen nach § 5 Abs. 3 und 4 und die Überprüfungen der Verfahren zum sicheren Umgang der Unternehmen mit Fracht, Post und Versorgungsgütern kann die Luftsicherheitsbehörde auch außerhalb des Flugplatzgeländes vornehmen.

(2) Die Aufgaben der Luftsicherheitsbehörden nach diesem Gesetz und nach der Verordnung (EG) Nr. 2320/2002 des Europäischen Parlaments und des Rates vom 16. Dezember 2002 zur Festlegung gemeinsamer Vorschriften für die Sicherheit in der Zivilluftfahrt (ABl. EG Nr. L 355 S. 1) werden von den Ländern im Auftrage des Bundes ausgeführt, soweit in den Absätzen 3 und 4 nichts anderes bestimmt ist.

(3) Die Zulassung von Luftsicherheitsplänen gemäß § 9 Abs. 1 einschließlich der Überwachung der darin dargestellten Sicherungsmaßnahmen wird durch das Luftfahrt-Bundesamt in bundeseigener Verwaltung ausgeführt. Im Übrigen können die Aufgaben der Luftsicherheitsbehörden nach diesem Gesetz in bundeseigener Verwaltung ausgeführt werden, wenn dies zur Gewährleistung der bundeseinheitlichen Durchführung der Sicherheitsmaßnahmen erforderlich ist. In den Fällen des Satzes 2 werden die Aufgaben von der vom Bundesministerium des Innern bestimmten Bundesbehörde wahrgenommen; das Bundesministerium des Innern macht die Übernahme von Aufgaben sowie die zuständigen Bundesbehörden im

Bundesanzeiger bekannt.

(4) Die Wahrnehmung der Bundesaufsicht gemäß Absatz 2 erfolgt durch das Bundesministerium des Innern. Maßnahmen, die sich auf betriebliche Belange des Flugplatzbetreibers oder des Luftfahrtunternehmens auswirken, werden vom Bundesministerium des Innern im Einvernehmen mit dem Bundesministerium für Verkehr, Bau und Stadtentwicklung angeordnet.

Fußnote

§ 16 Abs. 2 und Abs. 3 Satz 2 und 3 (idF d. Art. 1 u. Art. 2 Nr. 10 G v. 11.1.2005 I 78): Mit dem GG vereinbar gem. BVerfGE v. 20.3.2013 I 1118 - 2 BvF 1/05

Nichtamtliches Inhaltsverzeichnis

§ 17 Ermächtigung zum Erlass von Rechtsverordnungen

(1) Das Bundesministerium des Innern regelt durch Rechtsverordnung mit Zustimmung des Bundesrates die Einzelheiten der Zuverlässigkeitsüberprüfung nach § 7, insbesondere

1.

    die Frist für eine Wiederholung der Überprüfung sowie

2.

    die Einzelheiten der Erhebung und Verwendung personenbezogener Daten.

(2) Das Bundesministerium des Innern erlässt im Einvernehmen mit dem Bundesministerium für Verkehr, Bau und Stadtentwicklung, dem Bundesministerium der Finanzen und dem Bundesministerium für Wirtschaft und Technologie und mit Zustimmung des Bundesrates die zur Durchführung dieses Gesetzes oder der Verordnung (EG) Nr. 2320/2002

26

des Europäischen Parlaments und des Rates vom 16. Dezember 2002 zur Festlegung gemeinsamer Vorschriften für die Sicherheit in der Zivilluftfahrt (ABl. EG Nr. L 355 S. 1) notwendige Rechtsverordnung über die Kosten (Gebühren und Auslagen) für Amtshandlungen, insbesondere die Durchsuchung von Fluggästen und mitgeführten Gegenständen sowie deren Reisegepäck oder deren Überprüfung in sonstiger geeigneter Weise. Die Rechtsverordnung bestimmt die gebührenpflichtigen Tatbestände und kann dafür feste Sätze oder Rahmensätze vorsehen. Die Gebührensätze sind so zu bemessen, dass der mit den Amtshandlungen verbundene Personal- und Sachaufwand gedeckt wird; bei begünstigenden Amtshandlungen können daneben die Bedeutung, der wirtschaftliche Wert oder der sonstige Nutzen für den Gebührenschuldner angemessen berücksichtigt werden. In der Rechtsverordnung können die Kostenbefreiung, die Kostengläubigerschaft, die Kostenschuldnerschaft, der Umfang der zu erstattenden Auslagen und die Kostenerhebung abweichend von den Vorschriften des Verwaltungskostengesetzes in der bis zum 14. August 2013 geltenden Fassung geregelt werden. Sie kann eine Auskunftspflicht der Kostenschuldner über die Zahl der betroffenen Fluggäste sowie über Art und Umfang der beförderten Gegenstände enthalten; Auskünfte an den Betroffenen über die zu seiner Person in Luftfahrtdateien gespeicherten personenbezogenen Daten sind unentgeltlich.

(3) Das Bundesministerium des Innern wird ermächtigt, im Einvernehmen mit dem Bundesministerium für Verkehr, Bau und Stadtentwicklung und mit Zustimmung des Bundesrates Rechtsverordnungen zur Durchführung der Sicherungsmaßnahmen nach den §§ 8 und 9 zu erlassen. In den Rechtsverordnungen können insbesondere Einzelheiten zu den baulichen und technischen Sicherungen, zu den Durchsuchungen von Personen, Gegenständen und Fahrzeugen, zu Schulungsmaßnahmen für das Personal

und über den Inhalt der Luftsicherheitspläne festgelegt werden. Es kann ferner bestimmt werden, dass das Bundesministerium des Innern von den vorgeschriebenen Sicherungsmaßnahmen allgemein oder im Einzelfall Ausnahmen zulassen kann, soweit Sicherheitsbelange dies gestatten.

<u>Abschnitt 5</u>
<u>Bußgeld- und Strafvorschriften</u>

<u>Nichtamtliches Inhaltsverzeichnis</u>

§ 18 Bußgeldvorschriften

(1) Ordnungswidrig handelt, wer vorsätzlich oder fahrlässig

1.

entgegen § 7 Abs. 5 Satz 3 nicht wahrheitsgemäße Angaben macht,

2.

entgegen § 8 Abs. 1 Satz 2 oder § 9 Abs. 1 Satz 2 den Luftsicherheitsplan zur Zulassung nicht rechtzeitig vorlegt,

3.

entgegen § 8 Abs. 1 Satz 5 oder § 9 Abs. 1 Satz 5 die im zugelassenen Luftsicherheitsplan dargestellten Sicherungsmaßnahmen nicht durchführt,

4.

entgegen § 10 Satz 2 bis 4 den Ausweis in den nicht allgemein zugänglichen Bereichen nicht offen sichtbar trägt, ihn einem Dritten überlässt, ihn der Ausgabestelle nicht oder nicht rechtzeitig zurückgibt oder der Ausgabestelle den Verlust des Ausweises nicht oder nicht rechtzeitig anzeigt,

5.

entgegen § 10 Satz 5 sich oder einem Dritten unberechtigten Zugang zu nicht allgemein zugänglichen Bereichen verschafft oder

6.

einer vollziehbaren Anordnung oder Auflage nach § 8 Abs. 1 Satz 3 oder 4, § 8 Abs. 2, § 9 Abs. 1 Satz 3 oder 4 oder § 11 Abs. 2 Satz 2 zuwiderhandelt.

(2) Die Ordnungswidrigkeit nach Absatz 1 Nr. 1 bis 5 kann mit einer Geldbuße bis zu zehntausend Euro, die Ordnungswidrigkeit nach Absatz 1 Nr. 6 mit einer Geldbuße bis zu fünfundzwanzigtausend Euro geahndet werden. Verwaltungsbehörde im Sinne des § 36 Abs. 1 Nr. 1 des Gesetzes über Ordnungswidrigkeiten ist die Luftsicherheitsbehörde.

Nichtamtliches Inhaltsverzeichnis

§ 19 Strafvorschriften

(1) Wer entgegen § 11 Abs. 1 die dort bezeichneten Gegenstände in Luftfahrzeugen oder in nicht allgemein zugänglichen Bereichen auf Flugplätzen im Handgepäck mit sich führt oder an sich trägt, wird mit Freiheitsstrafe bis zu zwei Jahren oder mit Geldstrafe bestraft.

(2) Wer die Tat fahrlässig begeht, wird mit Freiheitsstrafe bis zu sechs Monaten oder mit Geldstrafe bis zu einhundertachtzig Tagessätzen bestraft.

Nichtamtliches Inhaltsverzeichnis

§ 20 Bußgeld- und Strafvorschriften zu § 12

(1) Ordnungswidrig handelt, wer entgegen § 12 Abs. 4 als an Bord befindliche Person den Anordnungen des Luftfahrzeugführers oder seiner Beauftragten nicht Folge leistet. Die Ordnungswidrigkeit kann mit einer Geldbuße bis zu fünfundzwanzigtausend Euro geahndet werden.

(2) Wer eine in Absatz 1 bezeichnete Handlung begeht und dabei mit Gewalt oder durch Drohung mit Gewalt Widerstand leistet, wird mit Freiheitsstrafe bis zu zwei Jahren oder mit Geldstrafe bestraft.

(3) In besonders schweren Fällen des Absatzes 2 ist die Strafe Freiheitsstrafe von sechs Monaten bis zu fünf Jahren. Ein besonders schwerer Fall liegt in der Regel vor, wenn

1.

der Täter oder ein anderer Beteiligter eine Waffe bei sich führt, um diese bei der Tat zu verwenden, oder

2.

der Täter durch eine Gewalttätigkeit den Angegriffenen in die Gefahr des Todes oder einer schweren Gesundheitsbeschädigung bringt.

Abschnitt 6
Schlussbestimmung

Nichtamtliches Inhaltsverzeichnis

§ 21 Grundrechtseinschränkungen

Die Grundrechte auf Leben, körperliche Unversehrtheit und Freiheit der Person (Artikel 2 Abs. 2 Satz 1 und 2 des Grundgesetzes), das Grundrecht des Postgeheimnisses (Artikel 10 Abs. 1 des Grundgesetzes) und das Grundrecht auf Unverletzlichkeit der Wohnung (Artikel 13 Abs. 1 des Grundgesetzes) werden nach Maßgabe dieses Gesetzes eingeschränkt.

Luftsicherheits-Zuverlässigkeitsüberprüfungsverordnung (LuftSiZÜV)

LuftSiZÜV

Ausfertigungsdatum: 23.05.2007

"Luftsicherheits-Zuverlässigkeitsüberprüfungsverordnung vom 23. Mai 2007 (BGBl. I S. 947), die zuletzt durch Artikel 3 der Verordnung vom 2. April 2008 (BGBl. I S. 647) geändert worden ist"

Stand: Zuletzt geändert durch Art. 3 V v. 2.4.2008 I 647

Fußnote

(+++ Textnachweis ab: 2.6.2007 +++)

Eingangsformel

Auf Grund des § 17 Abs. 1 des Luftsicherheitsgesetzes vom 11. Januar 2005 (BGBl. I S. 78) verordnet das Bundesministerium des Innern:

§ 1

(1) Die Luftsicherheitsbehörde überprüft die Zuverlässigkeit der in § 7 Abs. 1 des Luftsicherheitsgesetzes genannten Personen nach Maßgabe des § 7 des Luftsicherheitsgesetzes und nach Maßgabe dieser Verordnung.

(2) Die Zuverlässigkeitsüberprüfung erfolgt

1.

bei Personen im Sinne des § 7 Abs. 1 Nr. 1 und 5 des Luftsicherheitsgesetzes vor Erteilung einer Zugangsberechtigung zu nicht allgemein zugänglichen Bereichen nach § 8 Abs. 1 Satz 1 Nr. 4 oder § 9 Abs. 1 Satz 1 Nr. 2 des Luftsicherheitsgesetzes,

2.

bei Personen im Sinne des § 7 Abs. 1 Nr. 2 des Luftsicherheitsgesetzes vor Übertragung der Tätigkeit oder, falls vor einer vorgesehenen Tätigkeit als Kontrollkraft zur Durchführung der Personal- und Warenkontrollen oder Frachtkontrollen nach § 8 Abs. 1 Satz 1 Nr. 5 oder § 9 Abs. 1 Satz 1 Nr. 1 und 2 des Luftsicherheitsgesetzes eine Ausbildung erfolgt, vor Aufnahme dieser Ausbildung,

3.

bei Personen im Sinne des § 7 Abs. 1 Nr. 3 des Luftsicherheitsgesetzes vor der Beleihung oder, falls vor der Beleihung eine Ausbildung erfolgt, vor Aufnahme der Ausbildung oder vor der Beauftragung mit einer Aufgabe, soweit nicht Nummer 1 Anwendung findet, oder

4.

bei Personen im Sinne des § 7 Abs. 1 Nr. 4 des Luftsicherheitsgesetzes mit Aufnahme der Ausbildung, vor der Erteilung der Erlaubnis für Luftfahrer nach § 4 Abs. 1 des Luftverkehrsgesetzes oder vor der Anerkennung ausländischer Erlaubnisse für Luftfahrer, soweit nicht Nummer 1 Anwendung findet.

Nichtamtliches Inhaltsverzeichnis

§ 2

(1) Die Zuverlässigkeit der in § 7 Abs. 1 des Luftsicherheitsgesetzes genannten Personen wird überprüft

1.

    in den Fällen des § 7 Abs. 1 Nr. 1, 3 und 5 des Luftsicherheitsgesetzes von der Luftsicherheitsbehörde, in deren örtlichen Zuständigkeitsbereich sich das Flugplatzgelände nach § 8 des Luftsicherheitsgesetzes oder der überlassene, nicht allgemein zugängliche Bereich nach § 9 Abs. 1 Satz 1 Nr. 2 des Luftsicherheitsgesetzes befindet,

2.

    im Falle des § 7 Abs. 1 Nr. 2 des Luftsicherheitsgesetzes von der für den Sitz des Unternehmens zuständigen Luftsicherheitsbehörde, soweit das Unternehmen keinen Sitz im Geltungsbereich des Luftsicherheitsgesetzes hat, ist der Ort der Niederlassung maßgeblich, oder

3.

    im Falle des § 7 Abs. 1 Nr. 4 des Luftsicherheitsgesetzes von der für den Hauptwohnsitz des Antragstellers zuständigen Luftsicherheitsbehörde, soweit nicht Nummer 1 Anwendung findet; soweit der Antragsteller keinen Wohnsitz im Geltungsbereich des Luftsicherheitsgesetzes hat, erfolgt die Zuverlässigkeitsüberprüfung von der am Sitz der Luftfahrtbehörde für die Erteilung der Erlaubnis für Luftfahrer zuständigen Luftsicherheitsbehörde.

(2) Sind Personen nach Absatz 1 Beschäftigte von Luftfahrtunternehmen mit Sitz im Geltungsbereich dieser Verordnung, erfolgt abweichend von Absatz 1 die Überprüfung durch die Luftsicherheitsbehörde, in deren

Zuständigkeitsbereich sich der Sitz des Unternehmens befindet. Soweit die in Satz 1 genannten Unternehmen als herrschende Unternehmen mit mehreren abhängigen Luftfahrtunternehmen oder sonstigen Unternehmen unter einer einheitlichen Leitung als Konzern (§ 18 des Aktiengesetzes) zusammengefasst sind, ist auch für die Zuverlässigkeitsüberprüfung der in den abhängigen Unternehmen Beschäftigten der Sitz des herrschenden Unternehmens maßgeblich. Die Zuständigkeit für die Erteilung der Zugangsberechtigung nach § 10 des Luftsicherheitsgesetzes bleibt davon unberührt.

Nichtamtliches Inhaltsverzeichnis

§ 3

(1) Die Durchführung der Zuverlässigkeitsüberprüfung soll von den in § 7 Abs. 1 des Luftsicherheitsgesetzes genannten Personen bei der nach § 2 zuständigen Luftsicherheitsbehörde einen Monat vor der geplanten Tätigkeit oder der Aufnahme einer Ausbildung im Sinne des § 1 Abs. 2 Nr. 2 oder 3 oder mit Beginn der Ausbildung als Luftfahrer beantragt werden.

(2) Der Antrag ist zu stellen

1.

    für Zuverlässigkeitsüberprüfungen nach § 1 Abs. 2 Nr. 1 und 3 über das Flugplatz- oder Luftfahrtunternehmen, zu dessen Bereichen nach § 8 Abs. 1 Satz 1 Nr. 4 oder § 9 Abs. 1 Satz 1 Nr. 2 des Luftsicherheitsgesetzes Zutritt gewährt werden soll; diese leiten den Antrag an die nach § 2 Abs. 1 Nr. 1 zuständige Luftsicherheitsbehörde weiter,

2.

    für Zuverlässigkeitsüberprüfungen nach § 1 Abs. 2 Nr. 2 über den

34

Arbeitgeber bei der zuständigen Luftsicherheitsbehörde nach § 2 Abs. 1 Nr. 2 und

3.

für Zuverlässigkeitsüberprüfungen nach § 1 Abs. 2 Nr. 4 bei der zuständigen Luftsicherheitsbehörde nach § 2 Abs. 1 Nr. 3.

Die zuständige Luftsicherheitsbehörde kann abweichende Regelungen von Nummer 1 festlegen.

(3) In dem Antrag sind von dem Betroffenen anzugeben:

1.

der Familienname einschließlich früherer Namen,

2.

der Geburtsname,

3.

sämtliche Vornamen,

4.

das Geschlecht,

5.

das Geburtsdatum,

6.

der Geburtsort und das Geburtsland,

7.

die Wohnsitze der letzten zehn Jahre vor der Antragstellung, hilfsweise die gewöhnlichen Aufenthaltsorte,

8.

Staatsangehörigkeit, auch frühere und doppelte Staatsangehörigkeiten,

9.

die Nummer des Personalausweises oder Passes; bei einem Pass oder

Passersatz eines Ausländers auch die Bezeichnung des Papiers und des Ausstellers, sowie

10.

in der Vergangenheit durchgeführte oder laufende Zuverlässigkeits- oder Sicherheitsüberprüfungen.

Zusätzlich sind anzugeben oder beizufügen:

1.

bei Personen im Sinne des § 7 Abs. 1 Nr. 1 und 3 des Luftsicherheitsgesetzes

a)

der Name und die Anschrift des Arbeitgebers,

b)

die vorgesehene berufliche Tätigkeit und

c)

die Flugplätze, die betreten werden sollen;

2.

bei Personen im Sinne des § 7 Abs. 1 Nr. 2 des Luftsicherheitsgesetzes

a)

der Name und die Anschrift des Arbeitgebers und

b)

die vorgesehene berufliche Tätigkeit;

3.

bei Personen im Sinne des § 7 Abs. 1 Nr. 4 des Luftsicherheitsgesetzes ein Nachweis zur erteilten oder Angaben zur angestrebten Erlaubnis für Luftfahrer nach § 4 des Luftverkehrsgesetzes;

4.

bei Personen im Sinne des § 7 Abs. 1 Nr. 5 des Luftsicherheitsgesetzes

a)

die Flugplätze, die betreten werden sollen, und

b)

ein Nachweis für die Erforderlichkeit zum Zugang zu nicht

allgemein zugänglichen Bereichen eines Flugplatzes.

(4) Der Betroffene ist verpflichtet, auf Verlangen der Luftsicherheitsbehörde

a)

die Angaben nach Absatz 3 zu belegen und

b)

weitere Nachweise vorzulegen.

(5) Stellt die Luftsicherheitsbehörde die Zuverlässigkeit fest, ist die
Zuverlässigkeitsüberprüfung nach Ablauf von fünf Jahren ab Bekanntgabe
des Ergebnisses der letzten Überprüfung auf Antrag des Betroffenen zu
wiederholen. Die Absätze 2 bis 4 gelten für die Wiederholungsüberprüfung
entsprechend. Wird die Zuverlässigkeit verneint, kann ein erneuter Antrag
auf Durchführung einer Zuverlässigkeitsüberprüfung frühestens nach Ablauf
von einem Jahr nach Mitteilung des letzten Überprüfungsergebnisses
gestellt werden; dies gilt nicht, wenn der Betroffene nachweist, dass die
Gründe für die Verneinung der Zuverlässigkeit entfallen sind.

Nichtamtliches Inhaltsverzeichnis

§ 4

(1) Die Luftsicherheitsbehörde soll über den Antrag auf Überprüfung der
Zuverlässigkeit innerhalb eines Monats entscheiden.

(2) Die Luftsicherheitsbehörde darf zum Zwecke der
Zuverlässigkeitsüberprüfung die Polizeivollzugs- und die
Verfassungsschutzbehörden der Länder ersuchen, die für die Beurteilung

der Zuverlässigkeit des Antragstellers nach dem Luftsicherheitsgesetz vorhandenen bedeutsamen Informationen zu übermitteln. Das Ersuchen an die Polizeivollzugs- und Verfassungsschutzbehörden ist an die nach Landesrecht zuständige Behörde zu richten. Die Luftsicherheitsbehörde darf die Registerbehörde nach dem Bundeszentralregistergesetz um eine unbeschränkte Auskunft aus dem Bundeszentralregister ersuchen. Bei ausländischen Antragstellern darf sie zusätzlich das Bundesverwaltungsamt als Registerbehörde nach dem Ausländerzentralregistergesetz um Auskunft ersuchen. Soweit dies im Einzelfall erforderlich ist, darf die Luftsicherheitsbehörde auch bei den zuständigen Ausländerbehörden anfragen, ob diese Anhaltspunkte dafür haben, dass ausländische Antragsteller die öffentliche Sicherheit beeinträchtigen.

(3) Die Polizeivollzugsbehörden übermitteln der Luftsicherheitsbehörde auf Ersuchen nach Absatz 2 Satz 1 bedeutsame Informationen für die Beurteilung der Zuverlässigkeit nach dem Luftsicherheitsgesetz, insbesondere aus

1.

   Kriminalaktennachweisen,

2.

   Personen- und Sachfahndungsdateien und

3.

   polizeilichen Staatsschutzdateien.

Die für den Sitz der Luftsicherheitsbehörde nach Landesrecht zuständige Verfassungsschutzbehörde führt insbesondere eine Abfrage des nachrichtendienstlichen Informationssystems durch.

(4) Soweit dies im Einzelfall erforderlich ist, darf die Luftsicherheitsbehörde auch die folgenden Stellen um Übermittlung von bedeutsamen

38

Informationen für die Beurteilung der Zuverlässigkeit nach dem Luftsicherheitsgesetz ersuchen:

1.

  das Bundeskriminalamt,

2.

  das Zollkriminalamt,

3.

  das Bundesamt für Verfassungsschutz,

4.

  den Bundesnachrichtendienst,

5.

  den Militärischen Abschirmdienst und

6.

  die Bundesbeauftragte für die Unterlagen des Staatssicherheitsdienstes der ehemaligen Deutschen Demokratischen Republik.

(5) Hatte der Betroffene in den letzten zehn Jahren vor der Überprüfung weitere Wohnsitze auch in anderen Bundesländern, so darf die Luftsicherheitsbehörde auch die für diese Wohnsitze zuständigen Polizeivollzugsbehörden um Übermittlung dort vorhandener bedeutsamer Informationen für die Beurteilung der Zuverlässigkeit nach dem Luftsicherheitsgesetz ersuchen.

(6) Hat der Betroffene im Geltungsbereich des Luftsicherheitsgesetzes weder Wohnsitz noch gewöhnlichen Aufenthaltsort, so ist das Ersuchen um Übermittlung der für die Beurteilung der Zuverlässigkeit bedeutsamen Informationen der Luftsicherheitsbehörde an die für den Unternehmenssitz seines Arbeitgebers zuständige Polizeivollzugs- und Verfassungsschutzbehörde zu richten. Hat auch der Arbeitgeber keinen

Unternehmenssitz im Geltungsbereich des Luftsicherheitsgesetzes, so ist das Ersuchen an die für den Sitz der Luftsicherheitsbehörde zuständige Polizeivollzugs- und Verfassungsschutzbehörde zu richten.

(7) Bestehen auf Grund der übermittelten Informationen der in § 7 Abs. 3 Nr. 2 und 4 des Luftsicherheitsgesetzes genannten Behörden Anhaltspunkte für Zweifel an der Zuverlässigkeit des Betroffenen, darf die Luftsicherheitsbehörde zur Behebung dieser Zweifel Auskünfte von Strafverfolgungsbehörden einholen. Sie darf vom Betroffenen selbst weitere Informationen einholen und die Vorlage geeigneter Nachweise verlangen.

Nichtamtliches Inhaltsverzeichnis

§ 5

(1) Die Zuverlässigkeit eines Betroffenen ist zu verneinen, wenn daran Zweifel verbleiben. Zweifel an seiner Zuverlässigkeit verbleiben auch, wenn der Betroffene die ihm nach § 7 Abs. 3 Satz 2 des Luftsicherheitsgesetzes obliegenden Mitwirkungspflichten nicht erfüllt hat.

(2) Stellt die Luftsicherheitsbehörde die Zuverlässigkeit fest, gilt die Feststellung fünf Jahre ab Bekanntgabe oder, wenn zuvor die personenbezogenen Daten des Betroffenen von der Luftsicherheitsbehörde nach § 7 Abs. 11 Satz 1 Nr. 1 des Luftsicherheitsgesetzes zu löschen sind, bis zur Löschung. Hat der Betroffene die Wiederholungsüberprüfung (§ 3 Abs. 5) spätestens drei Monate vor Ablauf der Geltungsdauer der Zuverlässigkeitsüberprüfung beantragt, gilt er bis zum Abschluss der Wiederholungsüberprüfung als zuverlässig. Werden bei der Wiederholungsüberprüfung für die Beurteilung der Zuverlässigkeit bedeutsame Informationen bekannt oder entstehen Zweifel an der Identität des Betroffenen, kann bei Personen nach § 7 Abs. 1 Nr. 1 bis 3 und 5 des

Luftsicherheitsgesetzes der Zugang zu nicht allgemein zugänglichen Bereichen oder die Tätigkeit unter Berücksichtigung der Umstände und Erkenntnisse des Einzelfalls versagt werden.

Nichtamtliches Inhaltsverzeichnis

§ 6

(1) Über das Ergebnis der Zuverlässigkeitsüberprüfung werden gemäß § 7 Abs. 7 Satz 2 des Luftsicherheitsgesetzes unterrichtet:

1.

bei Personen im Sinne des § 7 Abs. 1 Nr. 1 und 3 des Luftsicherheitsgesetzes der Betroffene, der gegenwärtige Arbeitgeber, das Flugplatz- oder Luftfahrtunternehmen sowie die beteiligten Polizeivollzugs- und Verfassungsschutzbehörden des Bundes und der Länder,

2.

bei Personen im Sinne des § 7 Abs. 1 Nr. 2 des Luftsicherheitsgesetzes der Betroffene, der gegenwärtige Arbeitgeber sowie die beteiligten Polizeivollzugs- und Verfassungsschutzbehörden des Bundes und der Länder,

3.

bei Personen im Sinne des § 7 Abs. 1 Nr. 4 des Luftsicherheitsgesetzes der Betroffene und die beteiligten Polizeivollzugs- und Verfassungsschutzbehörden des Bundes und der Länder oder

4.

bei Personen nach § 7 Abs. 1 Nr. 5 des Luftsicherheitsgesetzes der Betroffene, das Flugplatz- oder Luftfahrtunternehmen sowie die beteiligten Polizeivollzugs- und Verfassungsschutzbehörden des

Bundes und der Länder.

(2) Die Unterrichtung nach Absatz 1 beinhaltet:

1.

   den Familiennamen,

2.

   den Geburtsnamen,

3.

   sämtliche Vornamen,

4.

   das Geburtdatum,

5.

   den Geburtsort,

6.

   den Wohnsitz,

7.

   die Staatsangehörigkeit,

8.

   das Aktenzeichen,

9.

   die Geltungsdauer der Zuverlässigkeitsüberprüfung und

10.

   das Ergebnis der Zuverlässigkeitsüberprüfung.

(3) Bei Verneinung der Zuverlässigkeit sind dem Betroffen die maßgeblichen Gründe hierfür durch einen schriftlichen, mit einer Rechtsbehelfsbelehrung versehenen Bescheid mitzuteilen. Die Begründung hat den Schutz geheimhaltungsbedürftiger Erkenntnisse und Tatsachen zu gewährleisten. Stammen die Erkenntnisse von einer in § 7 Abs. 3 Satz 1 Nr.

2 oder Abs. 4 des Luftsicherheitsgesetzes genannten Stelle, ist das Einvernehmen dieser Stellen erforderlich.

(4) Über die Verneinung der Zuverlässigkeit sind die anderen Luftsicherheitsbehörden im Geltungsbereich des Luftsicherheitsgesetzes zu unterrichten. Die Unterrichtung enthält die in Absatz 2 genannten Angaben.

(5) Das Ergebnis einer nach dieser Verordnung durchgeführten Zuverlässigkeitsüberprüfung gilt im gesamten Bundesgebiet.

Nichtamtliches Inhaltsverzeichnis

§ 7

(1) Werden den nach § 7 Abs. 3 Satz 1 Nr. 2 und 5 des Luftsicherheitsgesetzes beteiligten Behörden oder Stellen oder den nach § 7 Abs. 3 Satz 1 Nr. 4 beteiligten Ausländerbehörden hinsichtlich der in § 7 Abs. 1 des Luftsicherheitsgesetzes genannten Personen im Nachhinein bedeutsame Informationen für die Beurteilung der Zuverlässigkeit nach dem Luftsicherheitsgesetz bekannt, sind diese verpflichtet, die Luftsicherheitsbehörde hierüber unverzüglich zu unterrichten. Werden der Luftsicherheitsbehörde nachträglich für die Beurteilung der Zuverlässigkeit bedeutsame Informationen bekannt oder entstehen nachträglich Zweifel an der Identität des Betroffenen, so darf die Luftsicherheitsbehörde zur Prüfung der Aufhebung der Feststellung der Zuverlässigkeit die erforderlichen Auskünfte entsprechend § 4 Abs. 2 bis 7 einholen.

(2) Für die Dauer der Prüfung nach Absatz 1 Satz 2 kann bei Personen nach § 7 Abs. 1 Nr. 1 bis 3 und 5 des Luftsicherheitsgesetzes der Zugang zu nicht allgemein zugänglichen Bereichen oder die Tätigkeit unter Berücksichtigung der Umstände und Erkenntnisse des Einzelfalls versagt werden.

(3) Wird das Ergebnis der Zuverlässigkeitsüberprüfung zurückgenommen

oder widerrufen, gelten die Mitteilungspflichten des § 6 Abs. 1 bis 4 entsprechend. Bei Luftfahrern ist auch die für die Aufhebung der Erlaubnis für Luftfahrer zuständige Luftfahrtbehörde zu unterrichten.

Nichtamtliches Inhaltsverzeichnis

§ 8

Von der Zuverlässigkeitsüberprüfung sind ausgenommen:

1.

Personen im Sinne des § 7 Abs. 1 Nr. 1 und 5 des Luftsicherheitsgesetzes, wenn diese nur gelegentlich, in der Regel bis zu einem Tag im Monat, Zugang zu den nicht allgemeinen zugänglichen Bereichen nach § 8 Abs. 1 Satz 1 Nr. 4 oder § 9 Abs. 1 Satz 1 Nr. 2 des Luftsicherheitsgesetzes erhalten sollen, sowie

2.

Beamte des Polizeivollzugsdienstes und der Zollverwaltung.

Nichtamtliches Inhaltsverzeichnis

§ 9

Bis zum 31. Dezember 2008 ist § 3 Abs. 5 Satz 1 und § 5 Abs. 2 Satz 1 mit der Maßgabe anzuwenden, dass anstelle der Frist von fünf Jahren die Frist von zwei Jahren tritt.

Nichtamtliches Inhaltsverzeichnis

§ 10

Diese Verordnung tritt am Tage nach der Verkündung in Kraft.

Nichtamtliches Inhaltsverzeichnis

Schlussformel

Der Bundesrat hat zugestimmt.

Luftsicherheits-Schulungsverordnung (LuftSiSchulV)

<u>Nichtamtliches Inhaltsverzeichnis</u>

LuftSiSchulV

Ausfertigungsdatum: 02.04.2008

"Luftsicherheits-Schulungsverordnung vom 2. April 2008 (BGBl. I S. 647)"

Fußnote

(+++ Textnachweis ab: 11.4.2008 +++)

Die V wurde als Artikel 1 der V v. 2.4.2008 I 647 vom Bundesministerium des Innern im Einvernehmen mit dem Bundesministerium für Verkehr, Bau und Stadtentwicklung, dem Bundesministerium der Finanzen und dem Bundesministerium für Wirtschaft und Technologie erlassen. Sie ist gem. Art. 4 dieser V am 11.4.2008 in Kraft getreten.

§ 1 Anwendungsbereich

(1) Diese Verordnung gilt für Flugplatzbetreiber und Luftfahrtunternehmen, die gemäß § 8 Abs. 1 Satz 1 Nr. 6, § 8 Abs. 2 oder § 9 Abs. 1 Satz 1 Nr. 3, Abs. 2 oder Abs. 4 des Luftsicherheitsgesetzes verpflichtet sind, Personal zu

45

schulen.

(2) Nicht nach dieser Verordnung zu schulen sind Bedienstete oder Beliehene der Luftsicherheits- und Luftfahrtbehörden sowie Vollzugsbeamte an den für Flugplätze zuständigen Dienststellen von Bundespolizei, Polizei und Zoll.

(3) Im Sinne dieser Verordnung sind

1.

Sicherheitspersonal: alle Personen, die Sicherungsmaßnahmen nach § 8 oder § 9 des Luftsicherheitsgesetzes wahrnehmen. Hierzu zählen nicht Luftsicherheitskontrollkräfte, Ausbilder oder das Personal, dessen Tätigkeit nicht durch die Ausführung oder Überwachung von Sicherungsmaßnahmen geprägt ist;

2.

Luftsicherheitskontrollkräfte: alle Personen, die im Rahmen der Sicherungsmaßnahmen nach § 8 Abs. 1 Satz 1 Nr. 5 oder § 9 Abs. 1 Satz 1 Nr. 1 des Luftsicherheitsgesetzes die Überprüfung von Personal, mitgeführten Gegenständen, Fahrzeugen, Waren, Versorgungsgütern, Fracht oder Post durchführen;

3.

Ausbilder: alle Personen, die Schulungsprogramme für Sicherheitspersonal, Luftsicherheitskontrollkräfte oder sonstiges Personal entwickeln oder durchführen;

4.

sonstiges Personal: diejenigen Personen, die ohne Begleitung einer gemäß dieser Rechtsverordnung geschulten Person Zutritt zu nicht allgemein zugänglichen Bereichen eines Flugplatzes haben und nicht Passagier, Sicherheitspersonal, Luftsicherheitskontrollkraft oder

46

Ausbilder sind;

5.

Unterrichtsstunden: Lerneinheiten mit einer Dauer von 45 Minuten.

(4) Sicherheitspersonal der Flugplatzbetreiber und der Luftfahrtunternehmen, das als Führungskraft für die Umsetzung, Durchführung und Überwachung von Luftsicherheitsmaßnahmen verantwortlich ist, kann von der Schulungsverpflichtung freigestellt werden. Voraussetzung ist, dass dieses Sicherheitspersonal die Anforderungen gemäß Kapitel 12.2 Nr. 1 Buchstabe a des Anhangs der Verordnung (EG) Nr. 2320/2002 des Europäischen Parlaments und des Rates vom 16. Dezember 2002 zur Festlegung gemeinsamer Vorschriften für die Sicherheit in der Zivilluftfahrt (ABl. EG Nr. L 355 S. 1) erfüllt. Die Freistellung beantragt der Arbeitgeber bei der zuständigen Luftsicherheitsbehörde.

(5) Flugplatzbetreiber und Luftfahrtunternehmen bleiben auch dann für die Umsetzung und Ausführung der Schulungsmaßnahmen verantwortlich, wenn sie Eigensicherungspflichten, einschließlich der Schulung, durch andere im Auftrag vornehmen lassen.

Nichtamtliches Inhaltsverzeichnis

§ 2 Ausbildungspersonal

(1) Flugplatzbetreiber und Luftfahrtunternehmen erfüllen ihre Schulungsverpflichtung mit Hilfe von zugelassenen Ausbildern. Zugelassene Ausbilder müssen über die erforderliche Erfahrung und Befähigung gemäß Kapitel 12.2 Nr. 1 Buchstabe a des Anhangs der Verordnung (EG) Nr. 2320/2002 verfügen.

(2) Ausbilder erhalten auf Antrag des Flugplatzbetreibers oder des Luftfahrtunternehmens eine auf längstens drei Jahre befristete Zulassung.

Die Zulassung erteilt die für den Antragsteller zuständige Luftsicherheitsbehörde, wenn die Voraussetzungen des Absatzes 1 Satz 2 erfüllt sind. Die Zulassung kann auf einzelne Themengebiete der Ausbildung beschränkt werden. Sie gilt auch im Zuständigkeitsbereich anderer Luftsicherheitsbehörden. Die Zulassung nach Satz 1 ist zu widerrufen, wenn schwerwiegende Mängel in der Ausbildung festgestellt werden und nicht zu erwarten ist, dass diese durch eine Fortbildungsunterweisung nach Absatz 3 Satz 2 zu beheben sind.

(3) Zugelassene Ausbilder müssen ab ihrer Zulassung jährlich eine mindestens vierstündige Fortbildungsunterweisung zur Luftsicherheit und den neuesten sicherheitsbezogenen Entwicklungen besuchen. Stellt die zuständige Luftsicherheitsbehörde bei geschultem Personal Mängel in der Ausbildung fest, kann sie die Fortbildungsunterweisung des Ausbilders um bis zu zwölf Stunden verlängern. Die Fortbildungsunterweisung wird von Flugplatzbetreibern und Luftfahrtunternehmen unter Mitwirkung der jeweiligen Führungskräfte (§ 1 Abs. 4) durchgeführt; die zuständige Luftsicherheitsbehörde wird beteiligt. Jeder Ausbilder legt einen Nachweis über die Fortbildungsunterweisung unverzüglich der zuständigen Luftsicherheitsbehörde vor.

(4) Liegt der zuständigen Luftsicherheitsbehörde nicht spätestens 13 Monate nach der Zulassung und erneut nach spätestens 25 Monaten ein Nachweis über die Fortbildungsunterweisung vor, soll sie die Zulassung widerrufen. Wird nach Ablauf der Befristung der Zulassung eine neue Zulassung nach Absatz 2 beantragt, so darf diese nur erteilt werden, wenn eine Fortbildungsunterweisung nach Absatz 3 Satz 1 innerhalb der letzten zwölf Monate nachgewiesen wird.

Nichtamtliches Inhaltsverzeichnis

§ 3 Schulungen für Sicherheitspersonal und Luftsicherheitskontrollkräfte

(1) Flugplatzbetreiber und Luftfahrtunternehmen schulen Sicherheitspersonal gemäß Kapitel 12.2 Nr. 2 des Anhangs der Verordnung (EG) Nr. 2320/2002. Die Schulung muss mindestens 34 Unterrichtsstunden umfassen.

(2) Auffrischungsschulungen für Sicherheitspersonal führen Flugplatzbetreiber und Luftfahrtunternehmen spätestens nach jeweils fünf Jahren entsprechend Kapitel 12.3 des Anhangs der Verordnung (EG) Nr. 2320/2002 durch. Auffrischungsschulungen dauern mindestens drei Stunden. Für Sicherheitspersonal, das innerhalb von fünf Jahren seit der Schulung oder seit der letzten Auffrischungsschulung keine Auffrischungsschulung erhalten hat, wird das erteilte Befähigungszeugnis oder die erteilte Zulassung ungültig.

(3) Flugplatzbetreiber und Luftfahrtunternehmen schulen Luftsicherheitskontrollkräfte über die Mindestinhalte gemäß Kapitel 12.2 Nr. 2 des Anhangs der Verordnung (EG) Nr. 2320/2002 hinaus zusätzlich zu folgenden Themen:

1.

Rechtsgrundlagen der Luftsicherheit,

2.

Waffen- und Sprengstoffrecht,

3.

Vertiefung von Kontrollabläufen,

4.

Auswertung von Röntgenbildern und

5.

Durchführung von Kontrollen einschließlich Abläufe und

Zuständigkeiten in einer Kontrollstelle, insbesondere bei Feststellung von verbotenen Gegenständen (theoretischer und praktischer Teil).

Die Schulung für Luftsicherheitskontrollkräfte für Personal- und Warenkontrollen muss mindestens 140 Unterrichtsstunden umfassen. Die Schulung für Luftsicherheitskontrollkräfte, die nur eingesetzt werden, um Personen und Fahrzeuge ohne Durchleuchtungsanlagen zu kontrollieren (Luftsicherheitskontrollkräfte für Personalkontrollen) muss mindestens 80 Unterrichtsstunden umfassen, wobei die Schulung der Auswertung von Röntgenbildern entfallen kann. Die Schulung für Luftsicherheitskontrollkräfte, die nur eingesetzt werden, um Warenpakete, Fracht oder Post, auch mit Durchleuchtungsanlagen, zu kontrollieren (Luftsicherheitskontrollkräfte für Frachtkontrollen), muss mindestens 100 Unterrichtsstunden umfassen. Die Teilnahme an der Schulung zur Luftsicherheitskontrollkraft setzt die Zuverlässigkeit nach § 7 des Luftsicherheitsgesetzes und die körperliche Eignung für die Tätigkeit als Luftsicherheitskontrollkraft voraus.

(4) Personal, das bereits Kenntnisse, die gemäß Kapitel 12.2 Nr. 2 des Anhangs der Verordnung (EG) Nr. 2320/2002 erforderlich sind, auf Lehrgängen

1.

der Internationalen Zivilluftfahrt-Organisation (ICAO),

2.

einer anderen zwischen- oder überstaatlichen Einrichtung oder

3.

der International Air Transport Association (IATA),

die nicht länger als sechs Monate zurückliegen sollen, erworben hat, oder Personal, das bereits vergleichbare praktische Erfahrungen im Bereich des Luftverkehrs und der Luftsicherheit besitzt, kann eine Kurzschulung von mindestens acht Unterrichtsstunden erhalten. Die Kurzschulung muss das Personal auf die vorgesehene Tätigkeit vorbereiten. Über die Zulässigkeit der Kurzschulung und ihre geplanten Inhalte entscheidet die zuständige Luftsicherheitsbehörde auf Antrag des Flugplatzbetreibers oder des Luftfahrtunternehmens. Die Voraussetzungen nach Satz 1 sind durch Vorlage eines beruflichen Lebenslaufs sowie entsprechender Urkunden nachzuweisen.

(5) Flugplatzbetreiber und Luftfahrtunternehmen bilden Luftsicherheitskontrollkräfte nach ihrer Schulung kontinuierlich fort. Die Fortbildung orientiert sich an den in Absatz 3 bezeichneten Themen und berücksichtigt örtliche sowie einsatzspezifische Verhältnisse. Besondere Schwerpunkte liegen in der Vermittlung aktueller Verfahrensweisen am Arbeitsplatz, im Auffinden verbotener Gegenstände und im Kennenlernen neuer Bedrohungen für die Sicherheit des Luftverkehrs. Die Mindestdauer der Fortbildung beträgt für

1.

Luftsicherheitskontrollkräfte für Personal- und Warenkontrollen jährlich 36 Stunden, davon monatlich eine Stunde Fortbildung in der Auswertung von Röntgenbildern,

2.

Luftsicherheitskontrollkräfte für Personalkontrollen jährlich 16 Stunden und

3.

Luftsicherheitskontrollkräfte für Frachtkontrollen jährlich mindestens 28 Stunden, davon monatlich eine Stunde Fortbildung in der Auswertung von Röntgenbildern.

Über Zeitpunkt, Dauer und Inhalt der Fortbildung sind zu jeder

Luftsicherheitskontrollkraft Nachweise zu führen und auf Verlangen der zuständigen Luftsicherheitsbehörde vorzulegen. Für Luftsicherheitskontrollkräfte, die die Mindestdauer der vorgeschriebenen Fortbildung innerhalb von zwei Jahren nicht erfüllen, wird das Befähigungszeugnis ungültig.

§ 4 Zusatzschulungen für Luftsicherheitskontrollkräfte für Personal- und Warenkontrollen

(1) Personal, das bereits ein Befähigungszeugnis als Luftsicherheitskontrollkraft für Personal- und Warenkontrollen besitzt, kann für die Tätigkeit als Luftsicherheitskontrollkraft für Frachtkontrollen qualifiziert werden, indem die Auswertung von Röntgenbildern im Bereich von Fracht und Post geschult wird. Die Zusatzschulung muss mindestens 20 Unterrichtsstunden umfassen.

(2) Die in § 3 Abs. 5 Satz 4 vorgegebene Mindestdauer für Fortbildungen verlängert sich für den Erhalt der zusätzlichen Qualifikation um jährlich vier Stunden für Fortbildung zu besonderen Bedrohungen im Bereich von Fracht und Post sowie um monatlich eine Stunde Fortbildung in der Auswertung von Röntgenbildern im Bereich von Fracht und Post. § 3 Abs. 5 Satz 5 gilt entsprechend. Ist ein Befähigungszeugnis nicht mehr gültig, so richtet sich die notwendige Fortbildung für den Erhalt des verbleibenden Befähigungszeugnisses nach § 3 Abs. 5.

§ 5 Zusatzschulungen für Luftsicherheitskontrollkräfte für Personalkontrollen

(1) Personal, das bereits ein Befähigungszeugnis als

52

Luftsicherheitskontrollkraft für Personalkontrollen besitzt, kann für die Tätigkeit als

1.

Luftsicherheitskontrollkraft für Personal- und Warenkontrollen qualifiziert werden, indem in mindestens 60 Unterrichtsstunden

a)

die Grundlagen für Kontrollabläufe im Hinblick auf den Einsatz von Röntgen- und Sprengstoffspürgeräten,

b)

die Durchführung von Kontrollen mitgeführter Gegenstände und

c)

die Auswertung von Röntgenbildern mitgeführter Gegenstände geschult werden sowie

d)

eine praktische Einweisung an einer Kontrollstelle vorgenommen wird;

2.

Luftsicherheitskontrollkraft für Frachtkontrollen qualifiziert werden, indem in mindestens 20 Unterrichtsstunden

a)

die Grundlagen für Kontrollabläufe im Hinblick auf den Einsatz von Röntgen- und Sprengstoffspürgeräten,

b)

die Durchführung von Fracht- und Postkontrollen und

c)

die Auswertung von Röntgenbildern im Bereich von Fracht und Post geschult werden sowie

d)

eine praktische Einweisung an einer Kontrollstelle für Fracht und Post vorgenommen wird.

(2) Die in § 3 Abs. 5 Satz 4 vorgegebene Mindestdauer für Fortbildungen verlängert sich für den Erhalt der zusätzlichen Qualifikation

1.

im Falle von Absatz 1 Nr. 1 um jährlich vier Stunden für Fortbildung zu besonderen Bedrohungen im Bereich mitgeführter Gegenstände sowie um monatlich eine Stunde und jährlich weitere vier Stunden Fortbildung in der Auswertung von Röntgenbildern mitgeführter Gegenstände;

2.

im Falle von Absatz 1 Nr. 2 um jährlich vier Stunden für Fortbildung zu besonderen Bedrohungen im Bereich Fracht und Post sowie um monatlich eine Stunde und jährlich weitere vier Stunden Fortbildung in der Auswertung von Röntgenbildern im Bereich von Fracht und Post.

§ 3 Abs. 5 Satz 5 gilt entsprechend. Ist ein Befähigungszeugnis nicht mehr gültig, richtet sich die notwendige Fortbildung für den Erhalt des verbleibenden Befähigungszeugnisses nach § 3 Abs. 5.

Nichtamtliches Inhaltsverzeichnis

§ 6 Zusatzschulungen für Luftsicherheitskontrollkräfte für Frachtkontrollen

(1) Personal, das bereits ein Befähigungszeugnis als Luftsicherheitskontrollkraft für Frachtkontrollen besitzt, kann für die Tätigkeit als

1.

Luftsicherheitskontrollkraft für Personal- und Warenkontrollen qualifiziert werden, indem in mindestens 40 Unterrichtsstunden

a)

die Grundlagen für Kontrollabläufe im Hinblick auf Personen- und Kfz-Kontrollen sowie Plausibilitätsprüfungen,

b)

die Durchführung von Personen- und Kfz-Kontrollen sowie Plausibilitätsprüfungen und

c)

die Auswertung von Röntgenbildern mitgeführter Gegenstände geschult werden sowie

d)

eine praktische Einweisung an einer Kontrollstelle vorgenommen wird;

2.

Luftsicherheitskontrollkraft für Personalkontrollen qualifiziert werden, indem in mindestens 32 Unterrichtsstunden

a)

die Grundlagen für Kontrollabläufe im Hinblick auf Personen- und Kfz-Kontrollen sowie Plausibilitätsprüfungen und

b)

die Durchführung von Personen- und Kfz-Kontrollen sowie Plausibilitätsprüfungen geschult werden sowie

c)

eine praktische Einweisung an einer Kontrollstelle vorgenommen wird.

(2) Die in § 3 Abs. 5 Satz 4 vorgegebene Mindestdauer für Fortbildungen verlängert sich für den Erhalt der zusätzlichen Qualifikation

1.

im Falle von Absatz 1 Nr. 1 um jährlich zwölf Stunden für Fortbildung zu Personal- und Warenkontrollen sowie um monatlich eine Stunde Fortbildung in der Auswertung von Röntgenbildern mitgeführter Gegenstände;

2.

im Falle von Absatz 1 Nr. 2 um jährlich acht Stunden für Fortbildung zu Personen- und Kfz-Kontrollen sowie Plausibilitätsprüfungen.

§ 3 Abs. 5 Satz 5 gilt entsprechend. Ist ein Befähigungszeugnis nicht mehr gültig, richtet sich die notwendige Fortbildung für den Erhalt des verbleibenden Befähigungszeugnisses nach § 3 Abs. 5.

Nichtamtliches Inhaltsverzeichnis

§ 7 Zusatzschulungen für Luftsicherheitsassistenten

(1) Personal, das bereits erfolgreich für den Einsatz nach § 5 Abs. 1 Satz 1 des Luftsicherheitsgesetzes geprüft wurde (Luftsicherheitsassistenten), kann für die Tätigkeit als

1.

Luftsicherheitskontrollkraft für Personal- und Warenkontrollen und als Luftsicherheitskontrollkraft für Personalkontrollen qualifiziert werden, indem in mindestens 16 Unterrichtsstunden

a)

die Grundlagen für Kontrollabläufe im Hinblick auf Personen- und Kfz-Kontrollen sowie Plausibilitätsprüfungen und

b)

die Durchführung von Kfz-Kontrollen sowie Plausibilitätsprüfungen geschult werden sowie

c)

56

eine praktische Einweisung für Kfz-Kontrollen und
Plausibilitätsprüfungen vorgenommen wird;

2.

Luftsicherheitskontrollkraft für Frachtkontrollen qualifiziert werden,
indem in mindestens 20 Unterrichtsstunden die Auswertung von
Röntgenbildern im Bereich von Fracht und Post geschult wird.

(2) Die Mindestdauer für Fortbildungen für Luftsicherheitsassistenten, die
das Bundesministerium des Innern vorgibt, verlängert sich für den Erhalt der
zusätzlichen Qualifikation

1.

im Falle von Absatz 1 Nr. 1 um jährlich vier Stunden für Fortbildung zu
Kfz-Kontrollen und Plausibilitätsprüfungen;

2.

im Falle von Absatz 1 Nr. 2 um jährlich vier Stunden für Fortbildung zu
besonderen Bedrohungen im Bereich von Fracht und Post sowie um
monatlich eine Stunde Fortbildung in der Auswertung von
Röntgenbildern im Bereich von Fracht und Post.

§ 3 Abs. 5 Satz 5 gilt entsprechend. Ist ein Befähigungszeugnis nicht mehr
gültig, so richtet sich die notwendige Fortbildung für den Erhalt der
Qualifikation als Luftsicherheitsassistent nach den Vorgaben des
Bundesministeriums des Innern. Entfällt die Qualifikation als
Luftsicherheitsassistent, so richtet sich die notwendige Fortbildung für den
Erhalt des Befähigungszeugnisses nach § 3 Abs. 5.

§ 8 Schulungen für sonstiges Personal

(1) Die Schulung des sonstigen Personals muss mindestens drei Stunden

57

für den theoretischen Teil umfassen. Die praktische Einweisung dauert mindestens eine Stunde und erfolgt durch betriebs- oder stationsleitendes Personal oder durch den Ausbilder an Ort und Stelle. Schulung und Einweisung erfolgen gemäß Kapitel 12.3 des Anhangs der Verordnung (EG) Nr. 2320/2002 und müssen spätestens sechs Wochen nach Beginn der Tätigkeit des sonstigen Personals abgeschlossen sein. Die Schulung kann unterbleiben, sofern das sonstige Personal eine gültige Schulungsbescheinigung nach § 20 Abs. 1 besitzt.

(2) Schulungen für sonstiges Personal, dem vom Flugplatzbetreiber Ausweise für den Zutritt zu nicht allgemein zugänglichen Bereichen ohne Begleitung durch eine berechtigte Person ausgestellt werden, erfolgen durch den Flugplatzbetreiber, sofern sie nicht durch ein Luftfahrtunternehmen durchgeführt werden. Die praktische Einweisung erfolgt durch den Arbeitgeber oder Auftraggeber, für den oder in dessen Auftrag das sonstige Personal tätig ist. Sofern sonstiges Personal keine Ausweise für den Zutritt zu nicht allgemein zugänglichen Bereichen ohne Begleitung durch eine berechtigte Person von einem Flugplatzbetreiber erhält, sind Luftfahrtunternehmen zur Schulung und Einweisung ihres oder des in ihrem Auftrag tätigen sonstigen Personals verpflichtet.

(3) Schulung und Einweisung müssen nach spätestens fünf Jahren wiederholt werden.

Nichtamtliches Inhaltsverzeichnis

§ 9 Lernerfolgskontrollen, Prüfungen

(1) Die Ausbilder führen im Rahmen der Schulung des sonstigen Personals eine Lernerfolgskontrolle durch, über die ein Nachweis zu führen ist.

(2) Die Ausbilder führen während oder nach der Schulung des

Sicherheitspersonals eine Lernerfolgskontrolle durch, die insgesamt eine weitere Unterrichtsstunde dauert. Die Lernerfolgskontrolle besteht aus einem aktiven Dialog mit den Schulungsteilnehmern sowie mündlichen Verständnisfragen.

(3) Luftsicherheitskontrollkräfte werden von der zuständigen Luftsicherheitsbehörde oder einer von ihr bestimmten, geeigneten Stelle gemäß den §§ 10 bis 19 geprüft. Falls eine Person erneut als Luftsicherheitskontrollkraft beschäftigt wird, die die ausgeübte Tätigkeit länger als sechs Monate unterbrochen hat oder deren Prüfung bei Erstaufnahme der Tätigkeit länger als sechs Monate zurückliegt, kann die zuständige Luftsicherheitsbehörde eine erneute Prüfung verlangen. Flugplatzbetreiber und Luftfahrtunternehmen zeigen die erneute Beschäftigung einer solchen Person bei der zuständigen Luftsicherheitsbehörde an.

(4) Inhalt und Umfang der Prüfung von Personal, das bereits ein Befähigungszeugnis als Luftsicherheitskontrollkraft für Personal- und Warenkontrollen besitzt oder Luftsicherheitsassistent ist und zusätzlich ein weiteres Befähigungszeugnis anstrebt, werden auf die praktischen Prüfungsteile für das angestrebte Befähigungszeugnis beschränkt.

Nichtamtliches Inhaltsverzeichnis

§ 10 Prüfungszweck

Die Prüfung von Luftsicherheitskontrollkräften dient der Feststellung, ob der Prüfling das Ziel der Ausbildung erreicht hat und in der Lage ist, selbstständig und eigenverantwortlich folgende Kontrollen durchzuführen:

1.

Personal- und Warenkontrollen gemäß § 8 Abs. 1 Satz 1 Nr. 5, § 9 Abs.

1 Satz 1 Nr. 1 des Luftsicherheitsgesetzes,

2.

Personalkontrollen gemäß § 8 Abs. 1 Satz 1 Nr. 5 des
Luftsicherheitsgesetzes oder

3.

Frachtkontrollen gemäß § 9 Abs. 1 Satz 1 Nr. 1 des
Luftsicherheitsgesetzes.

§ 11 Prüfungsausschuss

(1) Die Luftsicherheitsbehörde beruft einen Prüfungsausschuss und benennt
seinen Vorsitzenden, der einer Luftsicherheitsbehörde angehören muss.
Dem Prüfungsausschuss müssen mindestens zwei Prüfer angehören. Der
Prüfungsvorsitzende entscheidet im Einzelfall auch, ob Beobachter zur
Prüfung zugelassen werden. Vertreter anderer Luftsicherheitsbehörden
werden auf deren Antrag als Beobachter zugelassen.

(2) Das Ausbildungsunternehmen ist auf Anforderung der
Luftsicherheitsbehörde verpflichtet, dem Prüfungsausschuss die für die
Prüfung erforderlichen Räume, Geräte, Testgegenstände und Unterlagen zur
Verfügung zu stellen. Der Prüfungsausschuss kann sich jederzeit vom
ordnungsgemäßen Zustand dieser Räume und Gegenstände überzeugen.

(3) Die Mitglieder des Prüfungsausschusses müssen gemäß § 2 Abs. 1 Satz
2 qualifiziert sein. Eine Zulassung gemäß § 2 Abs. 2 ist entbehrlich. Ein
Ausbilder kann nicht an der Prüfung der von ihm ausgebildeten
Luftsicherheitskontrollkräfte mitwirken.

§ 12 Zulassungsvoraussetzungen, Fristen

(1) Die Zulassung zur Prüfung setzt voraus:

1.

die Vorlage einer Bescheinigung über die Schulung als
Luftsicherheitskontrollkraft gemäß § 3 Abs. 3, Abs. 4 oder Abs. 6 Satz 1
und 2,

2.

die Vorlage eines Nachweises über eine gleichwertige Ausbildung
gemäß § 22 Abs. 1 Satz 1 oder

3.

die Vorlage eines Nachweises, dass die zuständige
Luftsicherheitsbehörde gemäß § 9 Abs. 3 Satz 3 eine erneute Prüfung
verlangt hat.

Soll die Prüfung gemäß § 9 Abs. 4 auf den praktischen Teil beschränkt
werden, ist zusätzlich die Vorlage des Befähigungszeugnisses erforderlich.
Die Prüfung wird für den Tätigkeitsbereich abgenommen, für den eine
Bescheinigung oder ein Nachweis nach Satz 1 vorgelegt wurde.

(2) Anträge auf Zulassung zur Prüfung werden der Luftsicherheitsbehörde
oder der von ihr bestimmten Stelle durch den Arbeitgeber spätestens mit
Beginn der jeweiligen Schulung vorgelegt. Der Arbeitgeber übergibt der
Luftsicherheitsbehörde spätestens sieben Werktage vor dem Prüfungstermin
eine namentliche Aufstellung der Prüflinge.

Nichtamtliches Inhaltsverzeichnis

§ 13 Inhalt und Umfang der Prüfung von Luftsicherheitskontrollkräften für
Personal- und Warenkontrollen

(1) Die Prüfung umfasst einen theoretischen und zwei praktische Teile. Die

praktische Prüfung soll innerhalb von zwei Wochen nach dem theoretischen Teil der Prüfung beendet sein.

(2) Der theoretische Teil der Prüfung besteht aus 30 Fragen, die schriftlich zu beantworten sind. Die Fragen werden aus dem nationalen Fragenkatalog ausgewählt, der der Luftsicherheitsbehörde und dem Prüfungsausschuss vorliegt. Der Prüfungsausschuss ist nicht an den Wortlaut des Fragenkatalogs gebunden. Bis zu zehn der 30 Fragen können auf ortsspezifische Gegebenheiten ausgerichtet werden und müssen nicht im Prüfungskatalog enthalten sein.

(3) Die theoretische Prüfung dauert 120 Minuten.

(4) Gesamtpunktzahl, Mindestpunktzahl, maximal erreichbare Punktzahl je Frage und die Zeit, die zur Beantwortung der Fragen zur Verfügung steht, werden allen Prüflingen vor Beginn schriftlich bekannt gegeben.

(5) Ein praktischer Teil der Prüfung dauert 30 Minuten. Er besteht aus der Auswertung von 30 Röntgenbildern einschließlich Beschreibung der abgebildeten Gegenstände. Ein weiterer praktischer Teil der Prüfung dauert bis zu 90 Minuten. Er besteht aus

1.
   der Prüfung von Kontrollabläufen in der Personenkontrolle einschließlich des Verhaltens im Umgang mit zu kontrollierendem Personal und der Konfliktbewältigung anhand konkreter Situationen,

2.
   der Prüfung von Kontrollabläufen bei der Fahrzeugkontrolle und

3.
   der Prüfung von Kontrollabläufen in der Warenkontrolle.

Die Einzelheiten der praktischen Prüfungsteile werden vom Prüfungsausschuss anhand der näheren Vorgaben des Bundesministeriums des Innern und des Bundesministeriums für Verkehr, Bau und Stadtentwicklung festgelegt.

§ 14 Inhalt und Umfang der Prüfung von Luftsicherheitskontrollkräften für Personalkontrollen

(1) Die Prüfung umfasst einen theoretischen und einen praktischen Teil. Die praktische Prüfung soll innerhalb von zwei Wochen nach dem theoretischen Teil der Prüfung beendet sein.

(2) Der theoretische Teil der Prüfung besteht aus 18 Fragen, die schriftlich zu beantworten sind. Die Fragen werden aus dem nationalen Fragenkatalog ausgewählt, der der Luftsicherheitsbehörde und dem Prüfungsausschuss vorliegt. Der Prüfungsausschuss ist nicht an den Wortlaut des Fragenkatalogs gebunden. Bis zu neun der 18 Fragen können auf ortsspezifische Gegebenheiten ausgerichtet werden und müssen nicht im Prüfungskatalog enthalten sein.

(3) Die theoretische Prüfung dauert 70 Minuten.

(4) Gesamtpunktzahl, Mindestpunktzahl, maximal erreichbare Punktzahl je Frage und die Zeit, die zur Beantwortung der Fragen zur Verfügung steht, werden allen Prüflingen vor Beginn schriftlich bekannt gegeben.

(5) Der praktische Teil der Prüfung dauert bis zu 60 Minuten. Er besteht aus

1.

  der Prüfung von Kontrollabläufen in der Personenkontrolle, einschließlich des Verhaltens im Umgang mit zu kontrollierendem Personal und der Konfliktbewältigung anhand konkreter Situationen, und

2.

der Prüfung von Kontrollabläufen bei der Fahrzeugkontrolle. Die Einzelheiten des praktischen Prüfungsteils werden vom Prüfungsausschuss anhand der näheren Vorgaben des Bundesministeriums des Innern und des Bundesministeriums für Verkehr, Bau und Stadtentwicklung festgelegt.

§ 15 Inhalt und Umfang der Prüfung von Luftsicherheitskontrollkräften für Frachtkontrollen

(1) Die Prüfung umfasst einen theoretischen und zwei praktische Teile. Die praktische Prüfung soll innerhalb von zwei Wochen nach dem theoretischen Teil der Prüfung beendet sein.

(2) Der theoretische Teil der Prüfung besteht aus 25 Fragen, die schriftlich zu beantworten sind. Die Fragen werden aus dem nationalen Fragenkatalog ausgewählt, der der Luftsicherheitsbehörde und dem Prüfungsausschuss vorliegt. Der Prüfungsausschuss ist nicht an den Wortlaut des Fragenkatalogs gebunden. Bis zu zehn der 25 Fragen können auf ortsspezifische Gegebenheiten ausgerichtet werden und müssen nicht im Prüfungskatalog enthalten sein.

(3) Die theoretische Prüfung dauert 100 Minuten.

(4) Gesamtpunktzahl, Mindestpunktzahl, maximal erreichbare Punktzahl je Frage und die Zeit, die zur Beantwortung der Fragen zur Verfügung steht, werden allen Prüflingen vor Beginn schriftlich bekannt gegeben.

(5) Ein praktischer Teil der Prüfung dauert 30 Minuten. Er besteht aus der Auswertung von 30 Röntgenbildern, einschließlich Beschreibung der abgebildeten Gegenstände. Ein weiterer praktischer Teil der Prüfung dauert bis zu 30 Minuten. Er besteht aus der Prüfung von Kontrollabläufen in der

Frachtkontrolle. Die Einzelheiten der praktischen Prüfungsteile werden vom Prüfungsausschuss anhand der näheren Vorgaben des Bundesministeriums des Innern und des Bundesministeriums für Verkehr, Bau und Stadtentwicklung festgelegt.

Nichtamtliches Inhaltsverzeichnis

§ 16 Zulassung zur praktischen Prüfung

Zur praktischen Prüfung wird nur zugelassen, wer die theoretische Prüfung bestanden hat. Wer den ersten Teil der praktischen Prüfung nicht bestanden hat, wird zur weiteren praktischen Prüfung nicht zugelassen.

Nichtamtliches Inhaltsverzeichnis

§ 17 Bewertung von Prüfungsleistungen

(1) Alle Prüfungsteile müssen erfolgreich absolviert werden.

(2) Der theoretische Prüfungsteil ist bestanden, wenn mehr als 70 Prozent der zu erreichenden Punktzahl erzielt werden.

(3) Die praktischen Prüfungsteile werden bestanden, wenn

1.

bei der Auswertung von Röntgenbildern kein verbotener Gegenstand übersehen wird,

2.

bei der Nachkontrolle von Personen oder Gepäck kein verbotener Gegenstand übersehen wird,

3.

bei der Auswertung von Röntgenbildern mindestens 60 Prozent aller abgebildeten Gegenstände richtig beschrieben werden und

4.

65

keine erheblichen Fehler im Kontrollablauf festgestellt werden.

(4) Bei der Leistungsbewertung sind die Mitglieder des Prüfungsausschusses unabhängig; bei unterschiedlichen Auffassungen entscheidet der oder die Vorsitzende.

Nichtamtliches Inhaltsverzeichnis

§ 18 Täuschung, sonstige Verstöße

Hat ein Prüfling die ordnungsgemäße Durchführung der Prüfung in erheblichem Maße gestört oder sich eines Täuschungsversuches schuldig gemacht, kann der Vorsitzende die gesamte Prüfung für nicht bestanden erklären und den Prüfling bei schwerwiegenden Verstößen von einer Wiederholungsprüfung ausschließen. Eine solche Entscheidung ist nur bis zum Abschluss der gesamten Prüfung zulässig.

Nichtamtliches Inhaltsverzeichnis

§ 19 Wiederholung der Prüfung

(1) Wird ein Prüfungsteil erstmalig nicht bestanden, so kann dieser einmal innerhalb von sechs Monaten ohne erneute Schulung wiederholt werden. Die Luftsicherheitsbehörde kann in begründeten Ausnahmefällen eine weitere Wiederholung der Prüfung ohne erneute Schulung zulassen.

(2) Wurde nur der theoretische Prüfungsteil oder nur der theoretische und ein praktischer Prüfungsteil bestanden, erhält der Prüfling von der Luftsicherheitsbehörde hierüber eine Bestätigung, die er bei der erneuten Anmeldung zum praktischen Prüfungsteil vorzulegen hat.

Nichtamtliches Inhaltsverzeichnis

§ 20 Schulungsbescheinigungen, Befähigungszeugnisse, Zulassungen

(1) Jede Person, die alle Elemente einer Schulung besucht hat, erhält vom Ausbilder eine Schulungsbescheinigung. Die Schulungsbescheinigung nach einer Schulung für Sicherheitspersonal enthält eine Dokumentation der Lernerfolgskontrolle, die es der zuständigen Luftsicherheitsbehörde ermöglicht, ein Befähigungszeugnis oder eine Zulassung auszustellen.

(2) Auf Antrag des Arbeitgebers stellt die zuständige Luftsicherheitsbehörde auf der Grundlage der vorgelegten Schulungsbescheinigung für Sicherheitspersonal ein Befähigungszeugnis oder eine Zulassung aus, sofern die Schulung erfolgreich war. Für Luftsicherheitskontrollkräfte stellt die zuständige Luftsicherheitsbehörde ein Befähigungszeugnis nach bestandener Prüfung aus. Das Befähigungszeugnis und die Zulassung gelten auch im Zuständigkeitsbereich anderer Luftsicherheitsbehörden. Die zuständige Luftsicherheitsbehörde kann ein Befähigungszeugnis oder eine Zulassung aufheben und ein Befähigungszeugnis einziehen, wenn schwerwiegende Zweifel an der Befähigung entstehen.

(3) Flugplatzbetreiber und Luftfahrtunternehmen dürfen als Sicherheitspersonal und Luftsicherheitskontrollkräfte nur Personen einsetzen, die ein Befähigungszeugnis oder eine Zulassung für die von ihnen wahrgenommene Tätigkeit besitzen. Verlangt die zuständige Luftsicherheitsbehörde gemäß § 9 Abs. 3 Satz 2 eine erneute Prüfung, so wird das Befähigungszeugnis ungültig.

(4) Die zuständige Luftsicherheitsbehörde kann bei Personalengpässen, die unvorhersehbar sind und nicht anders abgewendet werden können, den Einsatz von Luftsicherheitsassistenten als Luftsicherheitskontrollkräfte für Personal- und Warenkontrollen an bis zu sieben Tagen pro Kalenderjahr bei einem Flugplatzbetreiber oder Luftfahrtunternehmen zulassen.

§ 21 Musterlehrpläne und Formulare

Das Bundesministerium des Innern erstellt im Einvernehmen mit dem Bundesministerium für Verkehr, Bau und Stadtentwicklung Musterlehrpläne für die Ausbildungen nach § 3 Abs. 3 und § 8 sowie Formulare für die Ausbilderzulassung nach § 2 Abs. 2, die Bestätigung der bestandenen Theorieprüfung nach § 19 Abs. 2, die Schulungsbescheinigung nach § 20 Abs. 1 und die Ausstellung von Befähigungszeugnissen nach § 20 Abs. 2. Diese Formulare sind zu verwenden.

§ 22 Übergangsvorschriften

(1) Auf Antrag des Arbeitgebers kann eine erstmalige Schulung entfallen, wenn der Antragsteller der zuständigen Luftsicherheitsbehörde innerhalb eines Jahres nach Inkrafttreten dieser Verordnung nachweist, dass gleichwertige Ausbildungen absolviert wurden. Die Luftsicherheitsbehörde stellt für gleichwertig ausgebildetes Sicherheitspersonal die Befähigungszeugnisse oder Zulassungen nach § 20 Abs. 2 Satz 1 aus. Die Auffrischungsschulung gemäß § 3 Abs. 2 muss in diesem Fall fünf Jahre nach der ursprünglichen Schulung erfolgen. Die Wiederholung von Schulung und Einweisung nach § 8 Abs. 3 muss fünf Jahre nach der ursprünglichen Schulung erfolgen.

(2) Auf Antrag des Arbeitgebers kann eine Prüfung von Luftsicherheitskontrollkräften entfallen, wenn der Antragsteller der zuständigen Luftsicherheitsbehörde innerhalb eines Jahres nach Inkrafttreten dieser Verordnung nachweist, dass

1.

eine gleichwertige Prüfung bestanden wurde,

2.

nach der letzten bestandenen Prüfung die Tätigkeit als
Luftsicherheitskontrollkraft oder als Luftsicherheitsassistent nie länger
als sechs Monate unterbrochen war und

3.

eine Fortbildung erfolgte, die den Vorgaben des § 3 Abs. 5 entspricht,
wobei die Hälfte der in § 3 Abs. 5 Satz 4 vorgesehenen Stundenzahl
ausreichend ist.

Die Luftsicherheitsbehörde stellt das erforderliche Befähigungszeugnis aus.

(3) Ausbilder, die zum Zeitpunkt des Inkrafttretens dieser Verordnung bereits
seit mindestens drei Jahren ununterbrochen im Bereich der Luftsicherheit
ausbilden, erhalten auf ihren Antrag von der für die erfolgte Ausbildung
zuständigen Luftsicherheitsbehörde eine auf längstens drei Jahre befristete
Zulassung, auch wenn sie die Voraussetzungen gemäß Kapitel 12.2 Nr. 1
Buchstabe a des Anhangs der Verordnung (EG) Nr. 2320/2002 noch nicht
erfüllen. Die Zulassung wird auf die bisher behandelten Themengebiete der
Ausbildung beschränkt. § 2 Abs. 3 bleibt unberührt.

www.ingramcontent.com/pod-product-compliance
Lightning Source LLC
Chambersburg PA
CBHW070935180526
45168CB00003B/1079

9 781511 613163